Peter Eickhoff

111 Orte in Düsseldorf, die man gesehen haben muss

emons:

Bibliografische Information der Deutschen Nationalbibliothek
Die Deutsche Nationalbibliothek verzeichnet diese Publikation in der Deutschen Nationalbibliografie; detaillierte bibliografische Daten sind im Internet über http://dnb.d-nb.de abrufbar.

Layout: Eva Kraskes, nach einem Konzept von Lübbeke | Naumann | Thoben
Kartografie: altancicek.design, www.altancicek.de
Kartenbasisinformationen aus Openstreetmap,
© OpenStreetMap-Mitwirkende, ODbL
Druck und Bindung: CPI – Clausen & Bosse, Leck
Printed in Germany 2024
ISBN 978-3-7408-2401-3
Erstausgabe 2020
Aktualisierte Neuauflage Oktober 2024

Vorwort

Düsseldorf ist in Bewegung, unruhig und manchmal hektisch. Den Kopf trägt die Stadt momentan gern in futuristischen Wolken, und an ihrer blank polierten Oberfläche lebt sie nach wie vor von den alten Klischees, die suggerieren, dass Düsseldorf ein ewiges Kö-Straßenfest sei und ein endloser Laufsteg für den Jahrmarkt der Eitelkeiten. Glücklicherweise ist das Make-up ab und zu verschmiert und die Krawatten sind verrutscht, denn die Düsseldorfer selbst bleiben mit beiden Beinen meist auf dem Boden ihrer städtischen Tatsachen.

Was ist also Düsseldorfs eigentliche urbane Essenz? Und wo sind die mythischen Alltagsorte, die der Stadt ihre unverwechselbare Seele geben? An 111 Orten kommen Sie der Stadt, die sich gerade neu erfindet, auf die Spur. Es sind geheimnisvolle, manchmal fast vergessene, ganz alltägliche und auch sehr lebendige Orte, die wie ein großflächiges Psychogramm darüber Auskunft geben: Wo bringt sich »die längste Theke der Welt« jeden Abend selbst unausweichlich auf den Punkt? Wo liegt das »Reich Beuys«? Wo war die Altstadtkneipe, in der Düsseldorf endgültig den Anschluss an die europäische Moderne fand? Und wo ist die Toreinfahrt, in der Kunstgeschichte geschrieben wurde? Wo wachsen Düsseldorfs südliche Träume unter Palmen in den rheinischen Himmel?

Wer auf dem Nordfriedhof, am Grab der ermordeten Edelprostituierten Rosemarie Nitribitt, über die Liebe nachdenken, sich in einem vergessenen Park an Antonionis Thriller »Blow up« erinnern oder den letzten Schritten des »Vampirs von Düsseldorf« folgen möchte, findet in diesem Buch 111 Orte, die jenseits der bekannten Klischees die Stadt von ihren intensivsten Seiten zeigen.

111 Orte

1 Die Ackerstraße

Ein bisschen Kiez muss sein

Das plötzliche und allgemeine Interesse an der Ackerstraße erwachte überraschend spät, aber dann heftig, als vor einigen Jahren die vielen kleinen, verlassenen Lebensmittelgeschäfte von Enthusiasten reanimiert wurden, die außerhalb der Innenstadt den nicht ganz abwegigen Traum träumen wollten, sich selbst zu verwirklichen.

Das Viertel um die Ackerstraße, das immer auch anständig kleinbürgerlich durchwachsen war, hatte nach der Invasion von Mega-Supermärkten auf den umliegenden industriellen Brachflächen in Flingern plötzlich genügend leer stehende und vor allem billige Läden, die auch für Berufseinsteiger (und -aussteiger) bezahlbar waren. Es entstanden Cafés, Restaurants und Werkstätten, und die neue Infrastruktur ist in den letzten Jahren durch einige Galerien noch erhöht worden, die versuchen, nicht nur lokal, sondern in gesamteuropäischen Avantgarde-Traditionen zu denken. Bereits 1990 war der für Düsseldorf und die europäische Kunst der Moderne so bedeutsame Galerist Konrad Fischer von der Altstadt nach Flingern gezogen. Es folgten, mit großem Abstand zu Fischer, Enthusiasten, Visionäre und viele Eintagsfliegen.

Dass die Ackerstraße den bunten Kunst-Kopf heute weit über der unübersichtlichen Off-Szene trägt, zeigen viel beachtete Galerien wie Van Horn (Nr. 99) und Rupert Pfab (Nr. 71). Es gibt auch zunehmend schicke Geschäfte, die den Gentrifizierungswandel der letzten Jahre in ihre Schaufenster gelegt haben: Moritz Wenz Studio (Nr. 155) oder The Golden Rabbit (für besonders schöne Stadtgärten, Nr. 159).

Auch die Restaurants von Neo-Flingern kochen nicht mehr auf autodidaktischer Ethno-Flamme: Im Nine o' Five (Nr. 181) wird die allgemeine Pizzaverehrung zur emotionsgeladenen Lebenslust erhoben, und gleich um die Ecke, Hermannstraße 29, kocht Alexandre Bourgueil (Sohn des mehrfach besternten Jean-Claude Bourgueil) in seinem »Bistro Fatal«. Und das Schwergewicht »Café Hüftgold« befriedigt auch in der jung gebliebenen Kiez-Szene die sehr alte und harmlose, von Müttern und Tanten vererbte Lust nach Kaffee und Kuchen.

Adresse Ackerstraße | ÖPNV Straßenbahn 708, 709, Bus 834, Haltestelle Birkenstraße | Öffnungszeiten ganzjährig | Tipp Intensiv begrünt, kinder-, hunde-, lese- und gedankenfreundlich ist der nahe Hermannplatz zwischen Ackerstraße und Birkenstraße fast idyllisch.

2 Der Anna-Maria-Luisa-Medici-Platz

Wie es war

Es gibt in Düsseldorf nur noch sehr wenige Stellen, die einen authentischen Ausschnitt zeigen, in dem ein Stück Stadt so aussieht, wie es einmal war und wie die Stadt heute in großen Teilen sein könnte, wenn sie nicht vor fast 80 Jahren in mehr als 200 Luftangriffen zusammengebombt worden wäre.

Zwischen Spee'schem Graben und der Citadellstraße hat man eines dieser letzten Ensembles mit alten, wenn auch renovierten Häusern, mit Kopfsteinpflaster und Gaslaternen: ein paar Schritte Klassizismus, Biedermeier und Stadtromantik, bestimmt vom Stadtpalais der Grafen Spee und dem gegenüberliegenden Hotel Orangerie.

Benannt ist die Idylle nach der zweiten Ehefrau von Jan Wellem (1658–1716), dem Mann auf dem Pferd. In einer Fernhochzeit hatte sie den Fürsten 1691 in Florenz geheiratet. Verbunden in einer Leidenschaft zur Kunst, baute das kinderlose Ehepaar eine der bedeutendsten europäischen Sammlungen auf, die mehr als 1.000 Werke in der damals sehr berühmten Düsseldorfer Gemäldegalerie zählte, mit vielen Bildern von Rubens, Raffael und Tizian, und die später, nachdem die Residenz verlegt worden war, den Grundstock der Alten Pinakothek in München legen sollte.

Gemessen an der Bedeutung Anna Marias für die Stadt ist das ein sehr kleiner Platz. Sie blieb 26 Jahre in Düsseldorf und verpflichtete berühmte Maler, Musiker und Architekten, die das Leben verschönern sollten. Erst nach dem Tod ihres Mannes ging sie zurück nach Florenz an den Hof der Medici, die in den europäischen Machtkämpfen zwar ihre politische Bedeutung verloren, aber ihre Kunstschätze behalten hatten. Als Erbin verfügte sie, dass diese in den Besitz der Stadt Florenz übergingen, unter der Bedingung, dass sie immer dort bleiben. Bis heute kann in den Uffizien und im Palazzo Pitti, in der Galleria Palatina der Medici, ihr Erbe betrachtet und bewundert werden.

Adresse Anna-Maria-Luisa-Medici-Platz | ÖPNV Bus 726, Haltestelle Maxplatz | Öffnungszeiten ganzjährig | Tipp Auf dem Maxplatz treffen sich die Boulespieler der Carlstadt.

3 Der Beuys-Kopf

Nach Osten, ins Licht

Joseph Beuys (1921–1986) und sein Schüler Karl Heinz Herzfeld (1931–2019), genannt Anatol, hatten zumindest eines gemeinsam: Sie sahen beide aus wie echte Künstler und waren als solche immer und für jeden erkennbar.

Am 20. Oktober 1973 holte Anatol seinen Lehrer mit dem Einbaum »Das Blaue Wunder« in Oberkassel ab und paddelte ihn über den Rhein: »Die Heimholung des Joseph Beuys« hieß die Zeremonie. Da sie ordentlich angemeldet war (im bürgerlichen Leben blieb Anatol bis zu seiner Pensionierung Verkehrspolizist), wurde die Überfahrt von Tauchern und den Rettungsbooten der DLRG begleitet und gab der Sache etwas durchaus Profanes. Beuys, der wie ein Schamane ummantelt im Boot saß, sollte zurück in die Akademie gebracht werden. An seiner legendären Wirkungsstätte hatte Professor Beuys nämlich vorübergehend Hausverbot.

Der zwölf Tonnen schwere Kopf soll an die damalige Aktion erinnern. Anatol hätte den Kopf natürlich gern am Schauplatz der guten Tat gesehen, da, wo sie alle ins Boot stiegen, auf den Oberkasseler Rheinwiesen, der Altstadt direkt gegenüber. Aber die Stadt wollte nicht. Ihr war der Kopf einfach nicht gut genug. Das sollte, wer das Sammelsurium öffentlicher Düsseldorfer Plastiken kennt, verstehen, wer wollte. Anatol Herzfeld verstand es jedenfalls nicht, musste sich aber fügen und setzte sein Meisterwerk mitten in den Acker bei Mönchenwerth, auf die Stadtgrenze zwischen Düsseldorf und Büderich.

Der durch die Moai (Steinstatuen auf der Osterinsel) inspirierte Kopf blickt nach Osten, da, wo Joseph Beuys arbeitete, die Kunst und viele seiner Schüler nachhaltig beeinflusste, in die aufgehende Sonne und ins Licht.

Der gigantische Kopf ist natürlich kein klassisches Porträt von Joseph Beuys. Im wirklichen Leben sah er nämlich ganz anders aus. Aber er zeigt durchaus die innere Wirkung, die er auf seinen Schüler Anatol hatte.

Adresse Am Rheindeich (Stadtgrenze Düsseldorf, am Ende der Niederlöricker Straße flussaufwärts), Meerbusch | ÖPNV Bus 833, SB 51, Haltestelle Hubert-Hermes-Straße | Öffnungszeiten ganzjährig | Tipp Das in der Nähe liegende Landhaus Mönchenwerth hat eine sehr ambitionierte Küche und einen sehr schönen Gastgarten.

4 Der Bilker Bunker

Licht ins Dunkel

Es ist selten, dass ein Bunker brach. Die meisten hielten den dauerhaften Bombardements einigermaßen ungerührt stand, und nach dem Krieg wusste man nicht so recht, was man mit ihnen anfangen sollte. Die Hochbunker stehen noch heute vielerorts in den städtischen Landschaften herum, gewaltige graue Fremdkörper, die aus der Zeit geraten sind, aber an dunkle Zeiten erinnern, in denen alles falsch gelaufen ist. Die unterirdischen hat man diskret zugeschüttet, die überirdischen manchmal überbaut oder hübsch angemalt, den Spitzbunker in Lierenfeld sogar vergoldet. Einer gewissen familiengerechten Popularität erfreute sich viele Jahre der Bunker am Zoo, der »Aquarium« hieß, weil man dort in zahllosen Aquarien exotische Fische betrachten konnte. Er war der improvisierte Vorläufer des heutigen Aquazoos am Nordpark.

Auch der Bilker Bunker wird gerade populär. Zumindest versucht er es. Die Kunst öffnete hier, nach 75 Jahren im August 2023, die Türen (die in ihrer heutigen Großzügigkeit erstmal in die meterdicken Betonwände geschnitten werden mussten). Die nackten unverputzten Bunkerwände sind in ihrer brutalen Optik für jeden Künstler eine Herausforderung, schaffen aber auch eine Atmosphäre, in der vieles wirkt. Die Ausstellungen wechseln. Die »Schleuse Zwei« genannte Location bleibt. Sie ist eine Musikbar mit entsprechender Beschallung und gewissermaßen die abendliche Einladung, am Wochenende an einem ungewöhnlich un-zeitgemäßem Ort im ansonsten eher alternativ buntbeseelten Bilk abzuhängen. Wer selbst musizieren möchte, kann hier Räume stundenweise mieten. Auch für Design-Präsentationen aller Art gibt es passende und puristisch ausgestattete Raumgrößen.

Und wer etwas dauerhaft Schönes im Bunker sehen möchte, sollte den raffinierten Lichtanlagen von Multimediadesigner Stefan Damnig folgen. Unter dem Künstlernamen »prsmc/Prismic« schuf er bereits kultverdächtige Klang-Licht-Installationen für angesagte Clubs und für das historisch so bedeutsame Gewandhaus in Leipzig.

Adresse Aachener Straße 39, Tel. 0211/8436410, www.bilkerbunker.de | **ÖPNV** U 71, 73, Haltestelle S-Bahn Bilk | **Öffnungszeiten** Ausstellungen: Mi und Fr 17–21 Uhr, Sa und So 12–18 Uhr; »Schleuse Zwei«: Mi und Do 21–24 Uhr, Fr und Sa 21–2 Uhr | **Tipp** Immer einen Besuch wert, vor allem bei den Ausstellungseröffnungen, ist die »Pretty Portal Galerie für Urban Art und Contemporary Streetart«, Brunnenstraße 12.

5 Die Bilker Sternwarte

Benzenbergs Mondfahrt

Nur noch das ausgeglühte Fernrohr ist da. Es ist auf den Wetterhahn von Alt St. Martin gerichtet und beschwört verhalten diesen seit 1943 vergangenen Ort, als die Bilker Sternwarte während eines Luftangriffs in Flammen aufging. Damals war sie gerade 100 Jahre alt, eine private Sternwarte, die warum auch immer von ihrem Begründer, dem Physiker und Astronomen Johann Friedrich Benzenberg, »Charlottenruhe« genannt wurde. Benzenberg vermaß den Himmel, den er über Düsseldorf durch den Rauch der vielen Kamine sehen konnte, und sein hauptsächliches Hilfsmittel war der in seinen metallischen Resten erhaltene Refraktor, ein damals sehr modernes Linsenfernrohr, das heute, wenn es nicht demoliert wäre, an »Peterchens Mondfahrt« erinnern würde und an die aufgeräumte Welt von Kinderbüchern.

Benzenberg hatte schon 50 Jahre vor den Versuchen von Jean Bernard Foucault, die dieser mit seinem berühmten Pendel im Panthéon in Paris vornahm, einen mechanischen Nachweis der Erdrotation erbracht. Vom Turm der Hamburger Michaelis-Kirche ließ Benzenberg Bleikugeln fallen, die nicht (wenn die Erde sich nicht um sich selbst drehen würde) im rechten Lot, sondern leicht versetzt auftrafen. Der berühmte Mathematiker Karl Friedrich Gauß diskutierte Benzenbergs Versuche und bestätigte sie mathematisch. Dennoch blieb Benzenberg relativ unbekannt, im Gegensatz zum Autodidakten Foucault, der für seine Versuche in die weltweit renommierte französische Akademie der Wissenschaften aufgenommen wurde.

Sterne entdeckte Benzenberg keine, aber einer seiner Nachfolger, Karl Theodor Robert Luther, konnte von Bilk aus unbekannte Asteroiden identifizieren, die als »Bilker Planeten« in die Annalen der Himmelsstürmer eingingen. Insgesamt wurden 24 Asteroiden von Bilk aus entdeckt, der letzte 1890 mit der Registriernummer 288. Da heute etwa 450.000 kleine Himmelskörper entdeckt und katalogisiert sind, gingen die Bilker Asteroiden irgendwann wieder unter und verschwanden im Dunkel des Universums und auch aus dem Bewusstsein der Bilker und Düsseldorfer.

Adresse Martinstraße/Ecke Bachstraße | ÖPNV Bus 726, Haltestelle Bachstraße | Öffnungszeiten ganzjährig | Tipp Die romanische Basilika Alt St. Martin (dem ausgeglühten Fernrohr des Sterngucker Benzenberg direkt gegenüber) stammt aus der zweiten Hälfte des 12. Jahrhunderts und geht vermutlich auf einen Vorgängerbau zurück, der bereits zwischen 700 und 900 errichtet wurde.

6__Die Black Box und das Filmmuseum

Film ab!

Wie gern wäre man auch Filmstadt! Der Medienhafen machte, als seine fulminant angelegte Bauoffensive in den 1990ern begann, erste, wenn auch verhaltene Hoffnungen, dass die großen Filmscheinwerfer für immer angeknipst würden. Leider wurden hauptsächlich lokale Fenster von synchron lächelnden und durchgebügelten Moderatoren geöffnet, und nur selten sieht man in den Düsseldorfer Straßen quirlige und sich ihrer Bedeutung bewusste Aufnahmetrupps ein paar Sequenzen für einen Film drehen, dessen Locations man später im Fernsehen wiedererkennt.

Harry Piel kam aus Düsseldorf, der irritierend hölzern wirkende Ufa-Star, der für sein Publikum auf Tigerjagd ging; ebenso Gustaf Gründgens, der Parade-Mephisto der deutschen Exilliteratur und des deutschen Theaters, ebenso die Star-Regisseure Helmut Käutner und Wim Wenders, der zuletzt Campino von den Toten Hosen vor der Düsseldorfer Skyline über den Sinn des Künstlerlebens nachdenken ließ.

In Filmmuseum, das in einem Gebäude mit dem Hetjens-Museum untergebracht ist, werden ständig mehr als 3.000 Exponate zur Geschichte des Films gezeigt. Die bunte und anekdotenreiche, in ihrer Präsentation durchaus auch kindgerechte Dauerausstellung wird durch Filmreihen, Retrospektiven und Sonderveranstaltungen begleitet.

Die »Black Box – das Kino im Filmmuseum« pflegt die Filmkunst mit Werken von der Stummfilmzeit bis in die jüngste Gegenwart. Es werden vor allem unkonventionelle Filme jenseits des Mainstreams und ambitionierte Filmreihen zu cineastischen Schwerpunktthemen gezeigt.

Die »Filmclubs« präsentieren Filme in ihren Originalfassungen (meist untertitelt); die »Filmklassiker« zeigen bedeutende Filme, die man schon immer wieder mal hatte sehen wollen, unter anderem auch Ufa-Klassiker aus den 30er und 40er Jahren, als das Kino in Deutschland noch propagandistisch war.

Adresse Schulstraße 4, Tel. 0211/8992232, www.duesseldorf.de | **ÖPNV** U 71, U 72, U 73, U 83, Bus SB 50, 780, 782, 785, 805, 817, Haltestelle Benrather Straße | **Öffnungszeiten** Black Box: wechselnd zu den Filmvorführungen, Filmmuseum: Di–So 11–18 Uhr | **Tipp** Hinter dem Filmmuseum liegt ein städtebaulich verunglücktes Areal, dass sich »Alter Hafen« nennt und lange Jahre mit einem Original-Aalschokker (Fischerboot), der hier zunehmend vergammelte, historisiert wurde.

7 Die Blutkapelle

Hut ab!

Wer sucht, der findet, und wer Augen hat, wird sehen: Deshalb überwog die Freude und nicht die Skepsis, als der Ritter von Eller erschöpft, aber glücklich, und gewissermaßen mit vollen Händen vom 5. Kreuzzug im Jahr 1221 aus dem Heiligen Land nach Gerresheim zurückkam. Auf dem Berg Golgatha, an der Stelle der Kreuzigung, hatte der Ritter Erde vermischt mit dem Blut Christi gefunden, das aus seinen Wunden herabgetropft war und sich bis zur Entdeckung durch den Ritter wundersam erhalten hatte.

Aufbewahrt wird die Blutreliquie nicht mehr, wie es der Ritter aus Eller vorgesehen hatte, in der von ihm gestifteten Kapelle, sondern in der nahen Pfarrkirche St. Margareta. Die ursprüngliche Kapelle existiert nicht mehr. Die heutige Kapelle ist eine barocke Neuauflage aus dem Jahr 1725, die allerdings für gewöhnlich verschlossen und nur von außen und vom Bürgersteig aus zu betrachten ist.

Am Tag ihrer Prozession wird die Reliquie in ihrer Monstranz von der St.-Sebastianus-Schützenbruderschaft unter einem Baldachin durch Gerresheim geführt. Nachweislich seit 1598 ist die Kapelle Ziel der Gerresheimer Blutprozession, die alljährlich am Sonntag nach Fronleichnam stattfindet und mit der sogenannten Blutkirmes verbunden ist, einem einwöchigen Volksfest.

Indirekt soll die blutgetränkte Erde vom Berg Golgatha auch für den Bau der gegenüberliegenden evangelischen Stadtkirche verantwortlich sein. Zumindest in Gerresheim wird kolportiert, dass Ferdinand Heye, der Gründer und Besitzer der bis zum PET-Flaschen-Zeitalter in diesem Stadtteil alles beherrschenden Glashütte, der Blutprozession beiwohnte. Als die Reliquie vorbeigetragen wurde, nahm der Protestant Heye den Hut nicht ab, was einen fundamentalistischen Katholiken dazu bewogen haben soll, ihm den Hut vom Kopf zu schlagen. Heye, der sich tief beleidigt fühlte, soll daraufhin den Bau einer großen protestantischen Kirche an dieser Stelle veranlasst haben, um die kleine Kapelle gegenüber und ihre Reliquie gleichsam in den Schatten zu stellen.

Adresse Pilgerweg/Ecke Heyestraße | ÖPNV U 73, Bus 737, Haltestelle Hardenbergstraße | Öffnungszeiten ganzjährig (außen), anlässlich der Blutprozession (So nach Fronleichnam) oder nach Absprache | Tipp Im Wald über Gerresheim, auf dem Gallberg, befand sich eine von dunklen Geschichten umrankte Richtstätte, deren Galgen weit sichtbar waren.

8 Die Bolkerstraße

Die lautesten Theken der Welt

Wie über keine andere der etwa 2.600 Düsseldorfer Straßen lässt sich über diese sagen, dass sie tatsächlich Geschmacksache ist. Der Dichter Heinrich Heine, der hier 1797 in einem Hinterhaus des Hauses Nr. 53 geboren wurde, wird gern mit der Lieblingszeile aller Bolkerstraßenvermarkter zitiert, dass ihm »ganz wunderlich zumute wird«, wenn er in der Ferne an sie denke, und er gleich nach Hause gehen möchte. Das wird nicht jedem so gehen, der an sie denkt, und in über 200 Jahren hat sich eine Menge Abfall auf ihrem Trottoir angesammelt, und auch der gegenteilige Wunsch, nämlich das Weite zu suchen, wäre nicht überraschend. Heine kam übrigens auch nie zurück und beließ es bei schönen Erinnerungen. Die Bolkerstraße ist Anziehung und Abschreckung zugleich. Vor allem abends und am Wochenende übt sie eine starke Anziehungskraft auf Menschen aus, die gern in Gruppen gehen und dabei laut schreien. Hier ist immer Kirmes, man geht dicht gedrängt, was zu allerlei Missverständnissen führt, gibt sich gern ordinär bis vulgär, und an besonders heiklen Wochenenden, wenn die Kioske leer gekauft und die Bierflaschen wie aufgeschreckte Tauben durch die Luft fliegen, riegelt die Polizei die Straße auch mal ab. Von sensiblen Polizisten las man schon, dass sie Angst hätten, die Straße ohne Verstärkung zu betreten. Respektlose Junggesellenabschiednehmer, die ihr bevorstehendes Eheglück kaum fassen können, Fußballfans, die ihren Wortschatz möglichst klein halten und Männer, die selbst auf der Bolker keine Frau abkriegen, sorgen für eine leicht entflammbare Mischung. Dabei sind die Kneipen eigentlich wunderbare und schnelle Kontaktbörsen, völlig unkompliziert, brüllend laut und musikalisch mit allen Smash Hits der letzten 50 Jahre intensiv beschallt. Zwischen Schlager und Heavy Metal hängen sich die Herzen und emotionalen Kurzschlüsse auf. Kaufen kann man in den Discotheken und Kellerlokalen natürlich auch so ziemlich alles, was schnell vergänglichen Glanz in die Nächte zaubert.

Und ganz harte Abenteuerreisende, die den letzten Kick erleben wollen, gehen auf der Bolker sogar essen.

Adresse Bolkerstraße | **ÖPNV** U 70, U 71, U 72, U 73, U 74, U 75, U 76, U 77, U 78, U 79, U 83, Bus 780, 782, 785, 805, 817, SB 50, Haltestelle Heinrich-Heine-Allee | **Öffnungszeiten** ganzjährig | **Tipp** Mitten in der Altstadt gelegen ist die Bolkerstraße besonders gut in die wilde Nachtseite des Lebens eingebettet. Kneipenmäßig stark besetzt, aber mit wesentlich weniger Mainstream, ist die parallel zu ihr verlaufende Kurze Straße.

9 Der Botanische Garten

Alles blüht

Auch wenn man noch nie darüber nachgedacht hat – so ungefähr könnten atmosphärische Rettungsinseln aussehen, in die als letzte Hoffnung, auf der Erde weiterleben zu können, bedrohte Pflanzen verbracht werden, kurz vor dem klimatischen Super-GAU.

Futuristisch sieht diese florale Arche Noah aus, ganz so, als habe die Zukunft bereits begonnen – ein Kuppelbau aus Glas und Stahl, der wie eine Halbkugel im Botanischen Garten der Heinrich-Heine-Universität etwa 20 Meter weit in den Himmel ragt. Auf 1.000 Quadratmetern sind 400 Pflanzenarten untergebracht, vor Wind und Wetter und vor regnerischen Säureattacken geschützt, und diese enorme kooperierende Dichte in dieser künstlichen Welt im Glashaus lässt tatsächlich hoffen, dass es im Fall des klimatischen Super-GAUs künstliche Inseln geben wird, die daran erinnern, was man alles draußen, in der alten Welt, so ignorant aufs Spiel gesetzt und verloren hat.

Der Botanische Garten wurde 1974 angelegt. Auf sieben Hektar sind heute etwa 6.000 Pflanzenarten zu besichtigen und vor allem zu bestaunen, und man kann sich kaum der Erkenntnis entziehen, dass der Planet der fehlentwickelten Affen eigentlich ein Planet der schönen und selbstlosen Pflanzen ist.

Die ganze satte evolutionäre Pracht ist thematisch in Gewächshäusern und auf dem Freigelände in kleinen Biotopen gruppiert, die durch Spazierwege miteinander verbunden sind. Man geht praktisch einmal um die Welt, von Mitteleuropa über die Kontinente bis ins südliche Afrika hinein. Klimazonen wurden geschaffen und bepflanzt, aber auch die heimische Flora, mit Apotheker- und Bauerngarten und einer besonders schönen Wildblumenwiese, sensibilisiert für das eigene Terrain, in dem man lebt.

Die didaktische Grundstimmung des Gartens zeigt sich in sehr schönen und kurzweiligen Wechselausstellungen, die sich mit der Kulturgeschichte der Pflanzen, ihren berühmten Entdeckern oder ihrer Bedeutung für modernste Technologien beschäftigen.

Adresse Universitätsstraße 1, Heinrich-Heine-Universität, Gebäude 29.01, Tel. 0211/8112478, www.botanischergarten.hhu.de | ÖPNV U 73, U 79, Haltestelle Universität Ost/Botanischer Garten; Bus 731, 735, 827, 835, Haltestelle Universität Südost | Öffnungszeiten April–Sept. Mo–Fr 8–19 Uhr, Sa 13–19 Uhr, So 10–19 Uhr, März und Okt. Mo–Fr 8–18 Uhr, Sa 13–18 Uhr, So 10–18 Uhr, Nov.–Feb. Mo–Fr 8–16 Uhr, Sa und So geschlossen | Tipp Die Universitätsbibliothek besitzt neben ihren allgemeinen Studienbeständen eine ungewöhnlich umfassende und entsprechend bedeutsame Thomas-Mann-Sammlung.

10 Die Bunkerkirche

Ein' feste Burg

In ihren weltlichen Anfängen während des Zweiten Weltkrieges war sie ein Hochbunker mit zwei Meter starken Decken und Seitenwänden. Ihr einstiger Bunkerarchitekt, Philipp Wilhelm Stang, plante nach dem Krieg auch ihren Umbau zur Kirche St. Sakrament. Im Oktober 1949 wurde sie von Kardinal Frings geweiht, der den Diebstahl von Kohle und anderen nützlichen Dingen abgesegnet hatte, was die mangelleidende Bevölkerung ihm mit dem Wort »fringsen« dankte. Kurze Zeit später erhielt dieses Betonmonster den charakteristischen Kirchturm, der ursprünglich die Flak-Stellung des Bunkers war.

Ebenso spektakulär wie ihr Äußeres war der erste Pfarrer, der hier wirkte und in ihr bis zu seinem Tod wohnte: Carl Klinkhammer (1903–1997). Klinkhammer, der sogenannte Ruhrkaplan, war der erste katholische Geistliche, der von den Nationalsozialisten 1933 verhaftet wurde, während eines Gottesdienstes und vor vollem Haus. Wegen »Kanzelmissbrauchs« saß er immer wieder im Gefängnis, was ihm zu einer nachhaltigen Popularität verhalf. Nach Heerdt wurde er strafversetzt – allerdings nicht von den Nazis, sondern von den Briten, die er von der Kanzel herunter des Mordes bezichtigte, nachdem sie einen Familienvater wegen »Fringsens« erschießen ließen.

Als selbsternannte moralische Oberinstanz störte er in den 1950er Jahren Filmvorführungen, die er für unsittlich hielt. Er warf Stinkbomben in die Kinosäle und soll sich mit der anrückenden Polizei geprügelt haben. Um ihn zu beruhigen, wurde er schließlich in die Katholische Filmkommission berufen und mit dem Verdienstorden des Landes Nordrhein-Westfalen ausgezeichnet.

Liebhaber des architektonischen Brutalismus haben die Bunkerkirche schon immer in ihr ästhetisches Herz geschlossen: diesen wuchtigen Bau, ganz aus Beton, mächtig und schroff, gewaltig und irritierend und außerdem eine symbolträchtige Stätte. Heute wird St. Sakrament von der koptischen Gemeinde genutzt.

Adresse Heerdter Landstraße 270/Pastor-Klinkhammer-Platz 1 | ÖPNV U 75, Bus 805, 829, 830, 841, 841T, 864, Haltestelle Handweiser | Öffnungszeiten Mi und Fr 9–11.30 Uhr, Sa und So 9–13 Uhr | Tipp Im angrenzenden Industriegebiet gibt es das viel beachtete »Chez Claude« (Wiesenstraße 32), ein ungewöhnliches Bistro-Restaurant.

11 Die Burghof-Mauer

Wenn die Sonne versinkt

Direkt neben der Ruine der Kaiserpfalz, unter den schönsten und mächtigsten Kastanien von Düsseldorf, liegt der Biergarten der »Restauration Burghof«. Die Kastanien scheinen so steinalt wie Kaiser Friedrich Barbarossa zu sein, nach dem die Pfalz benannt ist und der 1190 im kleinasiatischen Fluss Saleph ertrank, erschöpft und überhitzt auf dem Weg nach Jerusalem. Aufgrund ihres respektablen, himmelhochgeschossenen Alters, ihrer enormen Äste, Rinden und Blätter und wegen der wunderbaren Insekten, die gelegentlich aus den Baumkronen heraus in die offenen Biergläser fallen, werden sie immer wieder ungläubig bestaunt.

Der »Burghof« ist seit etwa 100 Jahren die restaurative Größe von Kaiserswerth, ein Ort, an dem alle Kaiserswerther und die umliegende Düsseldorfer Landbevölkerung immer wieder der eigenen Kindheit, ihrer Jugend, der Zeit, als sie noch allein und glücklich, und der Zeit, als sie zu zweit und noch glücklich waren, begegnen, denn der Biergarten wird zumindest von der ewig jungen Jeunesse dorée gern besucht. Die selbstverständliche und lässige Haltung, mit der die meisten jungen Cabrio- und Kinderwagenfahrer über den Kies schlendern, lässt darauf schließen, dass sie hier eigentlich ganz zu Hause sind.

Die Burgmauer ist für gewöhnlich von Bikern besetzt, die statt ihrer Seele die muskulösen Beine baumeln lassen, und von intensiven Stadtromantikern, allein, zu zweit, verlassen oder wieder neu liiert, die ihre melancholische Grundstimmung für den Abend aufladen, wenn die Sonne langsam und in einem weiten Bogen jenseits des Rheins, irgendwo hinter Krefeld und dem Campingplatz gegenüber in Meerbusch, versinkt. Man sieht der Sonne nach und den Schiffen, die vielleicht zum Meer fahren. Manchmal bei Nordwind kann man es riechen oder sich zumindest einbilden, es läge nicht weit hinter imaginären Dünen, direkt hinter dem Horizont. Drüben auf der anderen Seite liegt theoretisch auch schon Frankreich, der alte Traum aller Lebenskünstler und rheinischen Separatisten, die sich immer andere als die bekannten Grenzen wünschen.

Adresse Burgallee 1, Tel. 0211/401423, www.galerie-burghof.de | ÖPNV U 79, Bus 728, 749, 751, 760, Haltestelle Klemensplatz | Öffnungszeiten Mo–Do 16–23 Uhr, Fr–So 12–23 Uhr | Tipp Wem die rustikale Burghofbiergartenspeise zu simpel ist, kann nur wenige Meter entfernt, hinter dem Stiftsplatz, bei Jean-Claude Bourgueil in seinem Restaurant »Im Schiffchen« (das einzige Düsseldorfer Restaurant, das drei Sterne hatte) einkehren.

12 Der Carlsplatz

Worte und Wein

Der Carlsplatz war einst Düsseldorfs schönster Platz. Sein vergangenes ästhetisches Potenzial kann man heute noch in einigen wenigen klassizistischen Restbeständen erahnen. Reisende wie der Revolutionär und Schriftsteller Georg Forster (1754–1794), die in der Welt von gestern unterwegs waren, schwärmten in ihren Berichten: »Eine wohlgebaute Stadt, schöne massive Häuser, gerade und helle Straßen, tätige, wohlgekleidete Einwohner. Und in wenigen Jahren wird Düsseldorf noch einmal so groß als es war und um vieles prächtiger sein.«

Angelegt wurde der Platz 1787, als Carl Theodor, Kurfürst von der Pfalz und von Bayern, die Erweiterung seiner Residenzstadt am Rhein veranlasste. Was ihn heute noch attraktiv macht, sind nicht mehr die Gebäude, sondern die Menschen, die hier einkaufen, um ihre Lust an gutem Essen zu befriedigen, denn der Carlsplatz hat den besten und hochpreisigsten Markt von Düsseldorf. Man findet wunderbare Lebensmittel, die nicht nur angenehm teuer, sondern auch außerordentlich prestigeträchtig jeden Tisch zur Tafel machen.

Aber viele Marktleute geben dennoch auf. Gastronomen ziehen nach. An den handfesten Imbissständen und an ethnisch getakteten Schnellküchen kann man sich durch kulinarische Welten essen. Mittags ist es hier rappelvoll, und vor manchen Ständen stehen lange Schlangen.

Sehr angesagt ist schon am frühen Nachmittag, aber vor allem abends der Weinausschank »Concept Riesling«. Hier kommt man immer schnell ins Gespräch. Denn die vielen guten Weine eröffnen viele gute Annäherungsmöglichkeiten – auch denen, die von Wein keine Ahnung haben oder sich für ganz andere Zusammenhänge interessieren. Überschaubarer, aber ebenso kommunikativ ist im Gang nebenan die spanisch angehauchte »Bude 9«: Hier gibt es ausschließlich spanische und deutsche Weine und sehr viele Leute, die sich alle mit Namen kennen.

Adresse Carlsplatz, www.carlsplatz-markt.de | ÖPNV U 70 – U 79, U 83, Bus 780, 782, 785, 805, 817, SB 50, Haltestelle Heinrich-Heine-Allee | Öffnungszeiten Mo – Fr 8 – 18 Uhr, Sa 8 – 16 Uhr | Tipp Das »Café de Bretagne«, Ecke Bilker Straße, hat ein sehr schönes Angebot an Meeresfrüchten.

13_Das »Clube Português«

Das Restaurant der Unruhe

»Das Ambiente ist die Seele der Dinge«, schrieb der portugiesische Dichter Fernando Pessoa in seinem berühmten »Buch der Unruhe«. Über seinen nächtlichen Notizen wird ihm vielleicht ein Restaurant wie das Clube Português vorgeschwebt haben, eine Kneipe der Erinnerungen, ein Musée Sentiméntale, in dem sich findet, was die Zeiten und die Trödelmärkte aufbewahren. Das Clube hat Seele bis zur Decke. Hirschgeweihe und Heilige, Madonnen, Pokale, Fotos von Fußballgöttern und Christusfiguren, Rosenkränze und Reklameschilder, und neben einem Werbeplakat für Schmerzmittel und dem Andenkenteller von Havannas berühmter Prominenten-Bar »La Bodeguita del Medio« hängt Che Guevara, das ikonenhafte Porträt der kubanischen Revolution, gleich ein Dutzend Mal.

Das Clube ist abends meistens und am Wochenende immer voll. Wer familiengerecht etwas zu feiern hat und das atmosphärisch Besondere für einen nicht alltäglichen Anlass sucht, feiert hier. Ohne Reservierung ist also nichts zu machen, was von den Kellnerinnen ebenso einfühlsam bedauert wird wie von denen, die wieder gehen müssen. Es ist angenehm laut, man spricht gern durcheinander, die Kellner sind ständig in Bewegung, aber manchmal auch wie vom Erdboden verschluckt. Die Portionen sind so überwältigend groß, dass sie von begeisterten Essern sofort gepostet werden. Portugiesisch durchdekliniert ist die Speisenkarte, es gibt also viel Fisch. Wer noch nie Stockfisch, die kulinarische Erkennungsmelodie Portugals, gegessen hat, sollte sich diesem authentischen, aber auch durchaus irritierenden Geschmack hingeben. Wie Pessoas »Buch der Unruhe« hat er etwas Melancholisches.

Das »Clube« gibt es seit 2004. Davor war es eine der letzten Arbeiterkneipen, der alte »Schwan«, am Rand von Flingern. Sein Relief glänzt noch weiß über der Eingangstür, an der Ecke zum ehemaligen Hausbesetzerschlachtfeld Kiefernstraße. Und da es hier tatsächlich noch echte Arbeiter gibt, sind die Preise sehr moderat und mittags so niedrig wie in Portugal.

Adresse Erkrather Straße 197, Tel. 0211/7705077, www.clube-potugues.de | **ÖPNV** U 75, Straßenbahn 706, Haltestelle Kettwiger Straße | **Öffnungszeiten** täglich 12–24 Uhr | **Tipp** Die allerdings wesentlich größere Dépendance ist das Frango Português in den Schwanenhöfen (Erkrather Straße 224).

14 Das »Da Forno«

Hundert Jahre

Im »Da Forno« ist man nie allein. Was weniger damit zusammenhängt, dass es hier, besonders an schönen Tagen, auf der Terrasse angenehm voll ist. Es hängt vielmehr mit der Vertrautheit des Ortes zusammen, denn so oder ähnlich existiert er nun schon seit mehr als 100 Jahren, und in den letzten 50 hat er sich nur unwesentlich verändert. Wer in Derendorf/Pempelfort groß wurde, war hier irgendwann schon als Kind in Eis- oder Familienangelegenheiten unterwegs, meistens sonntags. Und noch heute demonstrieren junge Väter in kurzen Hosen klassische und generöse Erziehungskompetenz und setzen Eistüten geschickt pädagogisch ein. Grundsätzlich ist in 100 Jahren vieles gleich geblieben.

Seit den 90ern aber ist das »Da Forno« einer der gehandelten Geheimtipps dieses Viertels, also allgemein bekannt. Die Jahre davor war es eher ruhig, ein unspektakuläres, etwas antiquiertes Eiscafé in einer Seitenstraße, das ein wenig an das Interieur eines alten Maigret-Films erinnerte. Heute sieht oder begegnet man im Lauf eines Tages fast allen, die an den weiten Pflasterstränden Derendorfs angespült wurden: ehemals legendäre Kneipen-Größen aus den goldenen 70er und 80er Jahren der Altstadt; noch immer schöne Nachtprinzessinnen aus alten Märchen, die das Leben schrieb; ewig stumme Dichter an Kaffeehaustischen; Künstler, die zeitlebens über den Kunstmarkt schimpfen und natürlich viele Leute, die nach langen, weiten Wegen endlich in Derendorf ihr Zuhause fanden. Man erfährt zwangsläufig eine ganze Menge, wenn man versteht, das Ohr an den Tischen der anderen zu haben, und so ist das Eiscafé eines der wichtigsten kommunikativen Kraftfelder in diesem Viertel.

Nur im kleineren Verkaufsraum, vor der Eistheke mit mehr als einem Dutzend selbstgerührter Sorten, ist es noch richtig italienisch wie damals in den Anfängen, wo Italienreisende noch heute ihren Espresso im Stehen trinken, gefühlsecht ihre Erinnerungen mit dem stoischfreundlichen Personal teilen und der unentwegt laufende Fernseher die Blicke auf sich zieht.

Adresse Schwerinstraße 1, Tel. 0211/4981144 | ÖPNV Straßenbahn 701, 705, 707, Bus 722, Haltestelle Venloer Straße | Öffnungszeiten Mo–Fr 9–22 Uhr, Sa 10–22 Uhr, So 11–22 Uhr | Tipp Gleich um die Ecke am Kolpingplatz gibt es mittwochs und samstags den Rheinischen Bauernmarkt mit lokalen Bio-Produkten.

15 Die Düsseldorfer Malerschule im Kunstpalast

Preußische Anfänge

Die naheliegende, aber regionale Verortung der »Düsseldorfer Malerschule« und ihre starke Fokussierung auf die Stadt lässt leicht den internationalen Rang vergessen, den sie zu ihrer Hoch-Zeit in den späten 20er und 30er Jahren des 19. Jahrhunderts hatte.

Sie galt als eine der fortschrittlichsten künstlerischen Bewegungen in Europa, deren Ruf viele ausländische Künstler nach Düsseldorf zog. Das Image der Akademie und ihrer Schüler war so positiv, dass die erste in New York eröffnete Galerie 1849 sich selbstbewusst und verkaufsfördernd »The Dusseldorf Gallery« nannte.

Ihren Ausgangspunkt nahm die Malerschule mit der Berufung des gebürtigen Düsseldorfers Peter Cornelius, dem 1819 von der preußischen Regierung die Neueinrichtung der Kunstakademie übertragen worden war. Aber erst mit seinem Nachfolger Wilhelm von Schadow setzte die große Zeit ein. Von Schadow hatte die Fähigkeit, die besonderen Talente seiner Studenten unabhängig von seiner eigenen Kunstauffassung zu erkennen und zu fördern. Es gelang ihm, durch die Einrichtung spezieller Klassen zur Historien-, Genre- und Landschaftsmalerei bedeutende Lehrer für die Akademie zu gewinnen, unter anderem den Historienmaler Carl Friedrich Lessing und den Landschaftsmaler Johann Wilhelm Schirmer, der selbst an der Akademie bei Schadow studiert hatte.

In der mehr als 30jährigen Amtszeit von Schadows entwickelte sich die Akademie und mit ihr das Profil seiner Schule von romantischen und idealistischen Positionen hin zu historischen, genrehaften und auch sozialkritischen Darstellungen. An den politischen Kämpfen der bürgerlichen März-Revolution von 1848 nahmen auch die Maler der Malerschule mehr oder weniger aktiv teil.

Im museum kunst palast können bedeutende Bilder der Düsseldorfer Malerschule im Kontext anderer Künstlerbewegungen des 19. Jahrhunderts besichtigt werden.

Adresse Ehrenhof 4–5, Tel. 0211/56642100, www.kunstpalast.de | ÖPNV U 70, U 74, U 75, U 76, U 77, Bus 805, SB 50, Haltestelle Tonhalle/Ehrenhof | Öffnungszeiten Di–So 11–18 Uhr, Do 11–21 Uhr, Mo geschlossen | Tipp Auf der anderen Seite des Joseph-Beuys-Ufers, zum Rhein hin, befindet sich die Rheinterrasse, ein noch heute genutztes Veranstaltungsgebäude aus den 20er Jahren des letzten Jahrhunderts.

16 Die Düsselquelle

Am Ursprung

Die Quelle der Düssel liegt nicht auf Düsseldorfer Gebiet, aber ihre Verbundenheit über 24 Kilometer, die sie als nördliche und südliche Düssel durch die Stadt fließt, und ihre ständige Präsenz im Namen der Stadt macht sie doch zu einem Düsseldorfer Ort.

Sie entspringt in Wülfrath-Blomrath an der Stadtgrenze zu Velbert-Neviges, 241 Meter über dem Meeresspiegel und damit gute 200 Meter über den Düsseldorfer Köpfen, hinter dem Bauernhof an der Asbrucher Straße 94. Die höchste von insgesamt acht festgestellten Quellen in diesem Tal wird als eigentliche Düsselquelle bezeichnet und ist mit einem großen, rund gewaschenen Stein wie aus einem echten Gebirgsbach und einer gemauerten Einfassung markiert. Auf den allerletzten Metern gibt es gleich drei Hinweisschilder, als sei die Gefahr, sie kurz vor dem Ziel noch zu verpassen, besonders groß.

Hinter einem Holzschuppen, am Ende einer leicht ansteigenden Wiese, liegt sie, und in Stein gemeißelt steht es auch: »Hier entspringt die Düssel«. Es ist ein schattiger Ort mit Brennnesseln und Büschen und zwei leicht bemoosten und feuchten Sitzbänken, auf denen vermutlich schon seit Längerem niemand mehr gesessen hat. Dennoch kann man sich die gelegentlichen Wandergruppen vorstellen, die ihre Thermoskannen und Butterbrote auspacken und der Düssel zu Ehren ein Lied singen. Das Mythische und Geheimnisvolle, das Quellen für gewöhnlich umgibt, fehlt hier völlig. Das mag an dem bemühten Quellstein liegen. Ein kleines, ganz unproportioniertes Kupferrohr ragt aus dem Stein heraus, und eine Handspanne weit ergießt sich aus diesem Rohr die Düssel, als sei ihr eigentliches Inneres ein etwas druckloser Gartenschlauch. Sie beschreibt einen kleinen, schüchternen Bogen, um dann sofort im Kiesbett unter ihr zu verschwinden.

Erst weiter unten im Tal wird sie wieder auftauchen, und ihr erschreckend kurzer Anfang nimmt auch fast ihr weiteres Schicksal vorweg. Denn auf dem Düsseldorfer Stadtgebiet ist sie mal da und mal nicht, und oft, wenn man sie nach ein paar Metern wieder aus den Augen verloren hat, fragt man sich, wo sie eigentlich geblieben ist.

Adresse Wülfrath, Asbrucherstraße 94 (Ausschilderung Obstverkauf) | ÖPNV von Düsseldorf nach Wuppertal-Vohwinkel S-Bahn S 8, umsteigen in S-Bahn S 9 Richtung Bottrop, Haltestelle Velbert Rosenhügel, von dort circa 1,5 Kilometer Fußweg (besser gleich mit dem Auto) | Öffnungszeiten ganzjährig | Tipp Schön ist es hier eigentlich überall. Und der Weg durch das Düsseltal führt ganz sicher durch das Neandertal hinunter nach Düsseldorf.

17 Die Ecke Tußmann- und Moltkestraße

Ausgehen in Pempelfort

Noch vor einigen Jahren hätte nichts darauf hingewiesen, dass ausgerechnet in diesem toten Winkel einer eigentlich unattraktiven Straßenkreuzung (Tußmann-, Moltke-, Franklin-, Bagel- und Schirmerstraße stoßen hier zusammen) eine fulminante Ausgehmeile entstehen könnte. Kurz vor der Franklinbrücke, die hinüber ins schickere Zooviertel führt, und in direkter Nähe zum ehemals gigantisch großen, mittlerweile völlig demontierten Rangierbahnhof waren diese Straßen an den Rand des innerstädtischen Lebens gedrängt, gastronomisch mehr tot als lebendig, und in ihrer behäbigen Mischung mit kleinbürgerlicher Gründerzeitarchitektur und missverstandenem Nachkrieg waren sie auch immer etwas angestaubt, langweilig und bieder.

Vom ehemaligen »Kleinen Rathaus« (dem heutigen »Ab der Fisch«), einer bürgerlichen Eckkneipe mit Spielautomaten, Hutablage, Servierfräuleins und Mittagstisch, ging der Impuls aus, der in immer neuen Kraftlinien in ganz Pempelfort die Tische zurechtrückt. Das »Rathaus« erfand sich vor 20 Jahren neu und etablierte in seiner Ecklage eine Szenekneipe, die schnell zumindest die jungen Leute an sich band, die in ihrer Nähe wohnten.

Köche und Kneipiers haben dieses von Bäckern, Metzgern und Händlern fast völlig verlassene Viertel in den letzten Jahren wiederbelebt, das zeitweise unter extremem Kräftemangel litt und außer einer etwas dumpf kultivierten Kneipenseligkeit nicht viel zu bieten hatte. Es entstand eines der kleineren, aber attraktiveren Gegengewichte zur umtriebigen und überlaufenen Altstadt, wie es sie auch in Bilk, Flingern und Oberkassel gibt.

Die Pempelforter Variante an der Tußmannstraße zeigt eine interessante und doch mittelständische Mischung aus Ethno, Mainstream, Fusion und Crossover, und neben den einfacheren, handfesten Trinkvergnügen gibt es auch hypermoderne Bars und gelegentlich etwas Alternativ-Gastronomie.

Adresse Tußmannstraße, Moltkestraße | ÖPNV Straßenbahn 706, Haltestelle Tußmannstraße | Öffnungszeiten ganzjährig | Tipp Am Ende der allerdings etwas lang geratenen und zwischendurch etwas leblosen Moltkestraße beginnt Pempelforts zweites Kneipenviertel, das sich um die Nordstraße (hauptsächlich Schwerin- und Collenbachstraße) herum gebildet hat.

18 Das Eisstadion

Die Schlittschuhprinzen

Die DEG spielt hier nicht mehr. Aber in der Psychographie Düsseldorfs ist das Eisstadion an der Brehmstraße bis heute ein beinahe heiliger Ort, die Kult- und Urstätte, wo die Siege der DEG unter bengalischem Feuer zelebriert wurden. Die unvermeidlichen Niederlagen ließen tiefe Wunden zurück, die nur kollektiv geheilt werden konnten. Es ist die letzte noch mehr oder weniger original erhaltene Sportarena, nachdem das alte Rheinstadion, in dem Fortuna Düsseldorf ihre beste Bundesliga-Zeit erlebte, 2002 abgerissen wurde.

Von 1935 bis 2006 spielte die DEG an der Brehmstraße. Achtmal wurde sie Meister, achtmal Vizemeister, und in ihrer fabulösen Zeit, in den 90ern, erreichte sie auch einen zweiten Platz im Europapokal. An der Brehmstraße stand ganz Düsseldorf im Licht der Wunderkerzen auf den Rängen und feierte bis zum Schluss die große Party, die 1967 begann, als die DEG zum ersten Mal die deutsche Eishockeymeisterschaft gewann. In den Jahren 1990 bis 1993 schien die DEG nicht mehr von diesem Stern. Sie gewann unter ihrem Trainer Hans Zach vier Meisterschaften in Folge, an denen zwei kanadische Spieler, Chris Valentine und Peter-John Lee, besonders beteiligt waren und als Traumduo von ihren Fans umgehend heiliggesprochen wurden. Ihre Rückennummern 10 und 12 wurden mit dem Ende ihrer Karrieren in Düsseldorf nicht mehr vergeben. Valentine schoss in zwölf Jahren für die DEG die meisten Tore (365) und hatte, was seinen Fans bis heute noch mehr Respekt abfordert, wegen seiner furcht- und kompromisslosen Art zu spielen die meisten Strafminuten (912).

An der Brehmstraße wurde Düsseldorfs sportliches Über-Ich kreiert, das im Grunde seines Herzens völlig davon überzeugt ist, unschlagbar zu sein. Das Stadion wurde 2006 mit einem »Walk of Fame« verlassen (den man auch als jubilierenden Trauerzug bezeichnen könnte), als 6.000 Fans von der Brehmstraße zum neuen ISS Dome gingen, in dem die DEG Stars seitdem spielen. An der 2009 renovierten Brehmstraße werden heute noch die mentalen Batterien der 1. Mannschaft aufgeladen.

Adresse Brehmstraße 27, Tel. 0211/8995320 (für Laufzeitänderungen), www.duesseldorf.de | ÖPNV U 71, Straßenbahn 706, 708, Bus 725, 812, Haltestelle Brehmplatz | Öffnungszeiten Di 17–19 Uhr, Mi und Do 16–18 Uhr, Fr 17–19 und 20–22 Uhr, Sa 14–16 und 17–19 Uhr, So 11–13, 14–16 und 17–19 Uhr | Tipp Das vermutlich beste griechische Restaurant in Düsseldorf, »Askitis«, ist ganz in der Nähe des Brehmplatzes, Herderstraße 73.

19 Elektro Müller

Das Tor zum Techno Pop

Als Ralf Hütter und Florian Schneider-Esleben in den 1970er Jahren das Kling-Klang-Studio in einem Hinterhof der Mintropstraße installierten, war die Gegend um den Stresemannplatz in der Nähe des Hauptbahnhofs grundsolide kriminell. Es gab beim internationalen Messepublikum bekannte und weltberühmte Bars, geheime Stundenhotels, illegale Spielcasinos und Kneipen, die von ehemaligen Boxchampions geführt wurden. Alles, was einem Silber in die Nächte zaubern konnte, gab es hier zu kaufen. Hin und wieder wurde jemand erstochen oder angeschossen, aber das nahm man ganz allgemein und billigend in Kauf. Das gehörte eben dazu.

Vom Glanz der alten Tage ist nicht mehr viel geblieben. Heute gibt es nur noch einige wenige und etwas schüchtern ergraute Restbestände des alten Milieus, das mittlerweile osteuropäisch und nordafrikanisch bunt durchwachsen ist.

Auch das Kling-Klang-Studio von »Kraftwerk« ist verschwunden. Nur die Toreinfahrt mit dem Elektro-Müller-Schild weist den schmalen Weg. Rechts hinter der Einfahrt war im Hof das Studio, in dem die damals noch blutjungen Musiker (neben den Kraftwerk-Gründern auch die Musiker Wolfgang Führ und Karl Bartos) musikalische Konzepte entwarfen, die alle bis dahin gekannten Hörgewohnheiten verändern sollten. Nach einem halben Jahrhundert und acht Studioalben war die Band fest in das kollektive Klanggedächtnis integriert.

Kraftwerk-Spuren findet man bei sehr unterschiedlichen Musikern wie David Bowie, Depeche Mode, Joy Devision, Björk oder Rammstein. Auch Hip-Hop und Electro Funk haben Kraftwerk-Elemente übernommen, und die Technoszene wäre ohne die Band kaum denkbar.

Bartos und Führ verließen die Band, später Schneider-Esleben, der nur noch Schneider heißen wollte. Hütter rekrutierte neue Musiker, tourt weltweit und positioniert Kraftwerk zunehmend in Museen und Galerien als Gesamtkunstwerk.

Adresse Mintropstraße 16 | ÖPNV Straßenbahn 708, 709, Haltestelle Stresemannplatz | Öffnungszeiten nur von außen zu besichtigen | Tipp Ganz analoge Jazzmusik gibt es in der Ellington Bar mit besten Cocktails (Scheurenstraße 5).

20 Das Ende der Zollstraße

Robert Schumann geht ins Wasser

Am Ende der Zollstraße stand früher zur Rheinseite hin das sogenannte Zolltor. Direkt vor diesem Tor und ungefähr an der Stelle, wo heute noch ein paar eiserne Vertäuungsringe zu sehen sind, lag die auf Kähnen befestigte Schiffsbrücke, die Düsseldorf mit der anderen Rheinseite verband.

Am Rosenmontag 1854, etwa gegen die Mittagszeit, lief, von seinen bösen Geistern und Dämonen getrieben, der Musiker Robert Schumann (1810–1856), Generalmusikdirektor in Düsseldorf und der bedeutendste deutsche Komponist seiner Zeit, einige Meter über diese schwimmende Brücke und stürzte sich mit der festen Absicht, seinem Leben ein Ende zu setzen, in das eiskalte Wasser.

Schumann war mit seiner Frau Clara, einer in ganz Europa gefeierten Pianistin, und sieben Kindern 1850 nach Düsseldorf gekommen, als neue Hoffnung und Nachfolger der Ausnahmemusiker Felix Mendelssohn-Bartholdy und Ferdinand Hiller, die in Düsseldorf als Musikdirektoren das städtische Musikleben bestimmt hatten.

Für Schumann begann eine zunächst ungewöhnlich kreative Phase: Er schrieb Klavierwerke, Symphonien und Oratorien und vertonte allein von Heinrich Heine 38 Gedichte. Ungefähr ein Drittel seines Gesamtwerkes entstand in den knappen vier Jahren seiner Düsseldorfer Zeit.

Der empfindliche und häufig auf sich selbst zurückgeworfene Schumann war als Dirigent des städtischen Orchesters vermutlich genial, aber auch schwierig. Nicht immer wollte er mit seinen Musikern sprechen, und nicht immer konnte er ihre Art zu spielen ertragen. Die Opposition wuchs, und der andernorts gefeierte Dirigent Schumann wurde schriftlich aufgefordert, was er als unerhörte Demütigung empfand, das Dirigentenpult seinem Kapellmeister zu überlassen. Nach diesem Eklat trat Schumann in Düsseldorf nicht mehr öffentlich auf.

Schumann wurde am Rosenmontag von Fischern aus dem kalten Wasser gezogen und in die Nervenheilanstalt von Endenich bei Bonn gebracht, wo er zwei Jahre später, am 29. Juli 1856, starb.

Adresse Zollstraße/Rathausufer | **ÖPNV** U 70, U 71, U 72, U 73, U 74, U 75, U 76, U 77, U 78, U 79, U 83, Bus 780, 782, 785, 805, 817, SB 50, Haltestelle Heinrich-Heine-Allee | **Öffnungszeiten** ganzjährig | **Tipp** Die ehemalige Poststation »En de Canon« (Zollstraße 7), in der schon der populäre Kurfürst Jan Wellem den Deckel rund gemacht haben soll, wurde bereits im 17. Jahrhundert eröffnet.

21_Die Engländerwiese

Die Helden von Lohausen

Hinter dem Aquazoo (wenn man vor dem Haupteingang steht, links) befindet sich die sogenannte Engländerwiese. Benannt ist sie nach den ehemals im Park stationierten Engländern, die auf der Wiese Cricket und Fußball spielten. Die Britische Rheinarmee hatte den 1937 angelegten und kaum beschädigten Park nach dem Zweiten Weltkrieg beschlagnahmt und im Gebäude der Neuen Kunstakademie, das 1984 dem Aquazoo weichen musste, ein Erholungsheim für ihre Soldaten eingerichtet.

Auf der Engländerwiese wird seit Ende der 70er Jahre die Lohausenliga gespielt. In den schwersten und traurigsten Düsseldorfer Zeiten, als sich Fortuna auf den Bolzplätzen der vierten Liga (2002/2003 Oberliga Nordrhein) beinahe für immer aus dem ordentlichen Fußball verabschiedet hätte, hielt nur noch die Lohausenliga den Glauben an das Gute im Spieler hoch. An den Wochenenden zeigten schlagkräftige und ehrgeizige Mannschaften in zwei Ligen, wie man richtig und vor allem schön Fußball spielt. Unvergessen sind die charmanten Selbstläufer von Ente Lippens, die taktischen Meisterleistungen der New Globes, die gleich zwölfmal die imaginäre Schale holten, und die Zähigkeit, mit der Abwärts 85 und die Kittelbach Streamers den anderen immer wieder ein Bein stellten.

Es gab phantastische Zweikämpfe, atemberaubende Sololäufe, traumhafte Pässe, raffinierte Fouls und jede Menge Spieler, die ein Spiel auch unausgeschlafen und mit gelegentlichem Rest-Alt richtig lesen konnten. Bis heute hat sich daran nichts geändert.

In 40 Jahren haben sich fast 100 Mannschaften in die Annalen der bunten Liga eingeschrieben. Viele sind nur noch eine ferne Erinnerung an ehemals bauchlose Zeiten, aber manche Mannschaften (sechs Feldspieler, ein Torwart) finden seit 20 Jahren immer wieder den ambitionierten Nachwuchs, der den Ball im Spiel hält.

Die Engländerwiese wird auch von japanischen Cricket- und Baseballspielern genutzt, die an schönen Wochenenden mit ihren begrüßungsintensiven Familien zum Picknick einlaufen.

Adresse Kaiserswerther Straße / Stockumer Kirchstraße / Rotterdamer Straße | **ÖPNV** U 78, U 79, Bus 722, 760, Haltestelle Nordpark / Aquazoo | **Öffnungszeiten** ganzjährig | **Tipp** Die Engländerwiese ist Teil des Nordparks, der als einziger von den Nationalsozialisten im Rheinland angelegte Park in seiner grundsätzlichen Substanz erhalten blieb.

22 Die Fähre nach Zons

Mitten im Fluss

Am Ende einer langen, von Hochwasser und Frost zerfressenen Straße, die kilometerweit durch die Urdenbacher Kämpe mit ihren Weiden, Obstwiesen und Pappelwäldern führt, liegt die Anlegestelle der Fähre nach Zons. Von hier aus und mitten im Strom von der Fähre, mit Blick nach Norden, sieht der Fluss beeindruckend alt aus, ruhig und ursprünglich, und die Angler an seinen Ufern erinnern einen daran, wie es war, als man das erste Mal »Huckleberry Finn« las.

Fähren sind wunderbare Fahrzeuge. Sie sind charmant anachronistisch, und allein die Tatsache, dass man für gewöhnlich auf sie warten muss, nimmt den Druck aus der gegenwärtigen Zeit. Man sieht den Wellen nach, den Schiffen und den Möwen, die im Wind kreischen, und beobachtet auf der anderen Seite die Autos, die vorsichtig die Rampe hinunterrollen und auf der Fähre durchgewunken werden. Man braucht Geduld, denn die Fähre legt nur ab, wenn es sich auch lohnt.

Fähren sind mit Mythen beladen, auch wenn man das heute den etwas schlicht und praktisch gehaltenen Autofähren nicht mehr ansieht. Fähren führen mythologisch in andere Daseinsbereiche, häufig in das Jenseits und manchmal in das Glück.

Auch Zons ist anachronistisch. Normalerweise spricht man vom mittelalterlichen Zons, als sei die Zeit hier für immer und folgenlos stehen geblieben und als habe es nie andere Jahrhunderte gegeben, die ihre Spuren hinterließen. Heute ist Zons eine historische Freizeitstadt mit echten Stadttoren, Mauern und Wehrtürmen, und wer auf der Fähre nach Zons in der Zeit scheinbar zurückfährt, wird bestätigt durch einen fast idealtypischen Anblick dieser Stadt. Kompakt liegt sie hinter einem großen Besucherparkplatz, und jeden Moment könnte ein Spitzweg'scher Nachtwächter in sein Horn blasen und ansagen, was die Stunde geschlagen hat. Verwaltungstechnisch ist Zons heute ein Stadtteil der Chemiemetropole Dormagen, aber das tut ihrem Nimbus, die letzte Bewahrerin einer großen mittelalterlichen Tradition am Niederrhein zu sein, keinen Abbruch.

Adresse Am Ausleger, www.faehre-zons.de | ÖPNV Bus 788, Haltestelle Mühlenplatz, dann zu Fuß weiter über Baumberger Weg, Ortweg und Am Ausleger zur Rheinfähre | Öffnungszeiten 1. März – 31. Okt. Mo – Fr 6.15 – 20 Uhr, Sa, So und feiertags 10 – 20 Uhr, 1. Nov. – 28. Feb. Mo – Fr 6 – 19 Uhr, Sa, So und feiertags 10 – 18 Uhr | Tipp Das Ziel am anderen Ufer muss natürlich Zons sein. Wenn man bereit ist, ein paar gegenwärtige und zeitgebundene Störfaktoren auszublenden, kann man sich durchaus der Illusion hingeben, einen kurzen Trip in frühere Jahrhunderte zu unternehmen.

23 Der Fernbusbahnhof

Ein Döner gegenüber

Man kann das Reisen, ähnlich wie das Leben, als schöne Kunst betrachten. Das setzt natürlich einige Kenntnisse und vor allem Mittel voraus, die den festen Rahmen garantieren, den jede Kunst früher oder später braucht. Philosophisch ist es nach wie vor Geschmackssache, ob das Verlassen oder das Ankommen der eigentliche Sinn des Reisens ist, die Reise selbst, also der Weg, oder doch das Ziel an ihrem Ende. Ähnlich wie das Leben kann man das Reisen natürlich auch als Notwendigkeit sehen, als unvermeidliche Bewegung zwischen zwei Punkten, deren Distanz man irgendwie überwinden muss.

Dieser Teil der Worringer Straße zwischen Hauptbahnhof und Worringer Platz sieht aus wie der urbane Gegenentwurf zu allem, was man sonst mit Düsseldorf und seinen hochglanzpolierten Schauseiten verbindet. Es ist laut, eng, verdreckt und verstellt, und die Straßenbahnen haben immer damit zu tun, die Falschparker wegzuklingeln. Auf dem ewig missglückten Worringer Platz, den noch niemand trotz vieler Versuche verschönern konnte, fristen Junkies ihr vertanes Leben. Auch auf den Bänken der Busstation schlafen manchmal die, die sonst kein Dach über dem Kopf hätten. Die Reisenden an diesem verbauten und so uncharmanten Ort sehen selten wie Touristen aus, eher wie Wartende, die schnell weg wollen.

In dieser urbanen Tristesse ist den Abschieden also eine gewisse Schwermut eigen. Aber gegenüber haben die hell erleuchteten Restaurants, die auf Döner spezialisiert sind, lange geöffnet, und manche Kioske schließen nie und versorgen die Busreisenden. Die Nächte sind hier, zumindest im Sommer, fast wie die Tage, und irgendwas geht immer.

Die Fernbusse fahren durch ganz Europa. Man wundert sich über die Ausdauer der Reisenden. Viele Busse fahren zu den großen europäischen Sehnsuchtsorten, aber auch zu Städten, deren Namen man noch nie gehört hat.

Adresse Worringer Straße | ÖPNV Straßenbahn 704, 708, 709, Bus 721, 722, Haltestelle Worringer Platz | Öffnungszeiten ganzjährig | Tipp Wer über Düsseldorf etwas ganz genau wissen möchte, bevor er die Stadt verlässt, kann sich im Stadtarchiv direkt am Fernbusbahnhof (Worringer Straße 140) informieren.

24 Das Fortunabüdchen

Vor dem Spiel und auch danach

Kein Büdchen ist wie das andere. Und weil das so ist, wird seit 2016 in Düsseldorf der Büdchentag gefeiert. Unter vielen Besonderheiten nimmt das Fortunabüdchen dennoch eine Sonderstellung ein: Es ist nämlich mentalitätsrelevant, sinnstiftend, tröstend und erregungssteigernd. Ein Barometer also, das zuverlässig anzeigt, wie die Stimmung gerade ist. Die magische Kraft, die das Büdchen neben dem Ulanendenkmal zumindest temporär entwickeln kann, zeigte sich besonders 2012, als nach 15 Jahren Enthaltsamkeit Fortuna Düsseldorf wieder berechtigte und ausrechenbare Chancen auf den Wiederaufstieg in die erste Liga hatte. Vor der Relegation gegen Hertha BSC wurden alle nur denkbaren dramatischen Szenarien entworfen, aus denen F95 immer als Sieger hervorging. Schon vor allen Heimspielen hatten sich rund um das Büdchen Hunderte von aufgeputschten und euphorisierten Fans versammelt, die Zeugen einer großartigen Zukunft werden wollten. Mit Fahnen, Schals und glücklichen Gesichtern fuhr man in großen Fahrradkolonnen von hier zur Arena.

Fortuna war einmal Deutscher Meister, zweimal Pokalsieger und verlor im Europapokalendspiel gegen den FC Barcelona denkbar knapp mit einem Tor, und das fiel in der Verlängerung. Das ist lange her, aber nicht vergessen. Als die »Diva vom Rhein«, die oft genug über die eigenen Füße stolpert, zwar in Berlin gewann, aber zu Hause nur unter chaotischen Umständen ein Unentschieden erreichte, damit aber den Aufstieg geschafft hatte, vibrierte das Büdchen vor unfassbarem Glück. Ein Fortunaschal wehte sogar hoch oben um den Hals des Ulanen.

Aber Fußball ist bekanntlich nicht alles. Wenn die Sonne auf der anderen Rheinseite hinter Oberkassel versinkt, ist es hier besonders stimmungsvoll. Die lange Mauer bis zum Rheingärtchen ist gut besetzt, die Bierflaschen glänzen, und über den Rhein tuckern späte Schiffe. Das frühe Abendlicht macht alle schön, und wo viele sind, wollen noch mehr sein.

Adresse Joseph-Beuys-Ufer 27 | **ÖPNV** U 70, U 74, U 75, U 76, U 77, Haltestelle Tonhalle/Ehrenhof | **Öffnungszeiten** Mo–So 9.30–22 Uhr | **Tipp** Am Rheinufer werden in den Sommermonaten sogenannte Stadtstrände veranstaltet, die sich bemühen, eine Art Beachfeeling zu imitieren.

25 Die Frauensteine

Kraft durch Glaube

Besonders empfängliche EsoterikerInnen werden schnurstracks durch den Aaper Wald, die Treppen und Trimm-dich-Pfade hochgezogen, beseelt von der glücklichen Gewissheit, sich einem veritablen Kraftfeld zu nähern, das weltliche und kosmische Energien in sich bündelt.

Die Frauensteine korrespondieren bei ihren mythomanischen Verehrern mit den geheimen Mächten der Mayas und Merline, mit Ufos, Aliens und ruhelosen Untoten, die hier an den Steinen umherwandeln. Die vielen Initialen und Zeichen, die Wanderer in den Stein geritzt haben, die Kratzspuren und Risse, werden folgerichtig als Runen, Hieroglyphen, Ideogramme und keltische Strichcodes gelesen, als letzte Botschaften, die zweifelsfrei ein unbekanntes Wissen offenbaren und die Welt und ihre Rätsel dechiffrieren würde, wenn man sie nur richtig lesen könnte.

Auch die lokalen Wunderkammern haben in den letzten Jahrhunderten diesem durcheinandergefallenen Mini-Stonehenge die Ehre erwiesen. Die Sage erzählt, dass an diesen Steinen eine Priesterin ihr schneeweißes Lieblingspferd opferte, um die Götter gnädig zu stimmen, die damals den Rhein wie zu Noahs Zeiten und in böser Absicht bis an die Höhenzüge des Aaper Waldes schwappen ließen.

Eine andere Sage berichtet, dass die Steine sieben verzauberte Frauen, vielleicht Hexen, zu Recht oder zu Unrecht Verzauberte, auf jeden Fall geheimnisvolle, weiße Frauen seien. Denn die Steine sind schwarz und heißen im Volksmund, um die Irritation auf die Spitze zu treiben, »witte Wiwerkes«, also »weiße Weibchen«.

Es gibt auch eine ganz nüchterne Erklärung, aber die nähme den Zauber und sein so zeichenhaftes Geheimnis von diesem Ort. Die Steine sind Quarzite, die auch unschön Zementquarzite heißen, und bei einem frühen Klimawandel vor etwa zehn Millionen Jahren entstanden sind, als es in Düsseldorf noch tropisch heiß war und pausenlos schwülwarm regnete wie am Amazonas.

Adresse Im Aaper Wald | ÖPNV U 72, Bus NE 3, Haltestelle Oberrath | Öffnungszeiten ganzjährig | Tipp Der Aaper Höhenweg, eine Schnellstrecke für Wanderer und Spaziergänger, die es lieber kurz, schön und intensiv wollen, führt in der Nähe der Steine vorbei. Vor allem an den Wochenenden ist die Strecke allerdings stark frequentiert von Power Walkern und diskutierenden Joggern.

26 Die Freitreppe

Direkt am Rhein

Es war eine grandiose und vielleicht auch ganz naheliegende Idee, den Burgplatz nach seiner Umgestaltung mit einer großen Freitreppe zum Rhein hin zu öffnen – etwas kleiner, aber doch ungefähr so, wie es Kurfürst Johann Wilhelm von der Pfalz für den Neubau seines Schlosses an dieser Stelle geplant hatte. Der Kurfürst lebte gelegentlich in den Wolken, und so wurde sein Schloss, das sich an dem seines Onkels, dem französischen Sonnenkönig Ludwig XIV. in Versailles, orientiert und praktisch das ganze alte Düsseldorf als Bauplatz beansprucht hätte, nie realisiert. Ebenso wenig wurde sein skurriler Traum wahr, Kaiser von Armenien zu werden. Immerhin war er real mit einer Medici verheiratet, und der Fürst wünschte sich vielleicht auch deshalb ein richtiges Reich, wie es viele seiner Schwestern hatten, die tatsächlich mit Kaisern und Königen vermählt waren.

Die neue Treppe ist eigentlich eine Tribüne, denn auf ihr wird mehr gesessen als gegangen, und man braucht eine gewisse Geschicklichkeit und eine zuverlässige Motorik, um sie durch die Menschen herunterzusteigen, die hier sitzen, schlafen, leben und ihre Habseligkeiten und Bierflaschen auf den Stufen ausgebreitet haben.

Sie ist ein Treffpunkt mitten in der Altstadt und am Rhein geworden, mit Blick auf den Strom und auf die gegenüberliegende Schokoladenseite von Oberkassel. Die Treppe am Burgturm wird besonders denen gut gefallen, die nicht nur romantische Rheingefühle entwickeln möchten, sondern auch den Blick in die gnadenlose Realität wünschen, den Betrunkene, Junkies, Drogenhändler, Kampfhundbesitzer und Gesichtstätowierte nun mal mit sich bringen.

Deshalb wird die Treppe von Spaziergängern aus dem bürgerlichen Lager eher neugierig und mit einer gewissen kopfschüttelnden Distanz betrachtet, aber auch gern fotografisch als Mahnung und Erinnerung festgehalten. In die Pflastersteine am oberen Rand der Treppe sind die Namen der frühen Düsseldorfer Aids-Toten eingemeißelt. Die bunte Bemalung an ihren Seiten stammt von dem Düsseldorfer Künstler Hermann-Josef Kuhna und seinen Studenten.

Adresse Schlossufer, am Burgplatz | **ÖPNV** U 70, U 71, U 72, U 73, U 74, U 75, U 76, U 77, U 78, U 79, U 83, Bus 780, 782, 785, 805, 817, SB 50, Haltestelle Heinrich-Heine-Allee | **Öffnungszeiten** ganzjährig | **Tipp** Am Burgplatz und am Rathausufer (Pegeluhr) legen die Ausflugsschiffe der großen Rheinschifffahrtsgesellschaften an, die Einheimische wie Touristen nach Zons oder Kaiserswerth bringen, gedanklich aber eigentlich (immer) weit darüber hinaus bis ans Meer.

27 Die Fußgängerbrücke im Medienhafen

Tribüne über dem Wasser

Als Brücke verbindet sie die Straße »Am Handelshafen« und die Speditionsstraße, aber ihre eigentliche Bedeutung ist weniger das Verbindende als vielmehr das Ruhende. Sie ist ein Platz über dem Wasser, von dem aus das alte Hafenbecken und die Stadt im Norden hinter dem Fernsehturm zu sehen und in ihrer ganzen neuen und architektonisch prominenten Schönheit zu bewundern ist.

Von hier aus sieht Düsseldorf sehr modern und gelegentlich auch etwas postmodern aus, mit nur wenigen historischen Relikten der industriellen Gründerzeit, so als habe sich die Stadt etwas verspätet in dieser ehemaligen Industriebrache völlig neu erfunden. Hafenkräne, Bahnschienen und die angerosteten Poller und Vertäuungsringe für die Lastkähne sollen daran erinnern, dass hier irgendwann, in den guten analogen Zeiten, noch körperlich gearbeitet wurde. Heute ist der Medienhafen mit seinen vielen kleinen Büroeinheiten hinter den schicken Fassaden eher etwas für bewegungsarme Kopfarbeiter und Büromenschen, die nicht viel mehr als ein Notebook brauchen.

Die mit Designpreisen ausgezeichnete Fußgängerbrücke ist 150 Meter lang und knapp 12 Meter breit, mit einem quadratischen sogenannten Brückenhaus und einer vorgelagerten Betonterrasse, der »Insel«: Sie markiert dicht über dem Wasserspiegel den idealen Ort, den Hafen und die abends erleuchtete Kulisse aus ihrem Zentrum heraus zu betrachten und abzuscannen. Man sitzt praktisch auf dem Wasser oder im Glasbeton-Kubus des Brückenhauses, der als Restaurant und Bar genutzt wird und dem 5-to-9-Feeling verspäteter Yuppies, das den Hafen beständig durchweht, einen futuristischen und fotogenen Touch gibt.

Die Brücke ist auch tagsüber eine Tribüne. Besonders mittags füllt sie sich mit improvisierenden Schnellessern, die auf den Stufen und integrierten Lampen Platz nehmen und die Fastfoodschachteln und Kaffeebecher, die Insignien ihrer Urbanität, auf den Knien halten.

Adresse zwischen Handelshafen und Speditionsstraße | ÖPNV Bus 726, 732, NE 8, Haltestelle Erftstraße / Grand Bateau | Öffnungszeiten ganzjährig | Tipp Von der Brücke hat man den besten Ausblick auf das alte Hafenbecken und seine neue Architektur, die von berühmten und sehr prominenten Baumeistern an die Kaimauern gestellt wurde.

28 Die Gehry-Bauten

Tanz der Türme

Die architektonischen Einfälle, die sich im neuen Medienhafen aneinanderreihen, werden nach wie vor und gerade in Zeiten der Krise immer wieder bewundert und lokalpolitisch beschworen, als läge Düsseldorfs Zukunft tatsächlich an den alten Hafenbecken und in den Händen seiner neuen Investoren. Die Leerstände der Büros sind dennoch beachtlich, und an trüben Abenden, wenn die Kneipengänger und Restaurantbesucher ausbleiben, vermittelt der Medienhafen manchmal eine bedrückende, aber zumindest in einigen Ansichten schicke und durchgestylte Tristesse.

Berühmte Architekten wie Steven Holl, Claude Vasconi und David Chipperfield haben hier Bürohäuser und Hotels gebaut. Aber wirkliche Beachtung, zumindest beim Laienpublikum der Spaziergänger, finden nach wie vor hauptsächlich die exzentrischen Gehry-Bauten, was an ihrer leicht schrägen, tänzelnden Optik und ihrer spiegelnden Oberfläche liegen mag. Sie sind weiß verputzt, mit glänzenden Blechen verkleidet oder massiv in Backstein gehalten. Die fotogensten Gebäude der Stadt sind auch ihr neues, immer wieder zitiertes Wahrzeichen.

Frank Owen Gehry (1929 in Toronto geboren und seit 1947 in Kalifornien zu Hause) ist der Altmeister des sogenannten Dekonstruktivismus, und seine überraschenden Gebäude sehen gelegentlich, wie das State Center in Boston, so aus, als seien sie nach einem Nervenzusammenbruch wieder aufgerichtet worden. Zu seinen spektakulärsten Entwürfen zählen das Guggenheim-Museum in Bilbao und die Walt Disney Concert Hall in Los Angeles, surreale Architekturkathedralen, die wie schwungvolle kubistische Träume aussehen.

Die drei Düsseldorfer Gebäude wurden 1998–1999 errichtet. Die Asymmetrie der auffälligen Turmbauten wird durch mehr als 1.500 unterschiedliche Fenster betont, die alle individuell angefertigt werden mussten.

Wahre Schönheit kommt allerdings nicht immer von innen: In den Gehry-Bauten sind die meisten Büros klein, bescheiden und unauffällig – ganz im Gegensatz zu den bestaunten Fassaden.

Adresse Neuer Zollhof 1–3 | ÖPNV Bus 726, 732, NE 8, Haltestelle Rheinturm | Öffnungszeiten ganzjährig | Tipp Ebenso fotogen wie die Gehry-Bauten ist das neue »Stadttor« in ihrer unmittelbaren Nähe, ein futuristisch anmutendes Bürogebäude, das in einer gewagten Konstruktion aus Stahl und Glas eine Höhe von 75 Metern erreicht.

29_Das Gnadenauge in der Maxkirche

Das Wunder in Zeiten seiner Reproduzierbarkeit

Es ist vielleicht ein Missverständnis der Ungläubigen, zu meinen, dass Wunder immer im Original stattfinden müssen. Also anders gesagt: dass Wunder immer einzigartig und nicht so ohne Weiteres reproduzierbar und von einem auf den anderen Gegenstand übertragbar sind.

Das in einer Seitenkapelle der Maxkirche verwahrte und seit mehr als 300 Jahren verehrte Bild vom wunderbaren Gnadenauge hat nie ein Wunder vollbracht und dennoch das Erstaunen hervorgerufen wie sein Vorbild, das Gnadenbild zu St. Peter in Neuburg an der Donau. Neuburg war die Residenz der Grafen von Pfalz-Neuburg, die durch Erbschaft auch in den Besitz des Bergischen Landes mit seiner Haupt- und Residenzstadt Düsseldorf gekommen waren. Philipp Wilhelm, der Vater des populären Jan Wellem, hatte in Düsseldorf seine Jugend verbracht und schenkte das verehrte Gnadenauge als Kopie den Franziskanern der St.-Antonius-Kirche, die später zur Maxkirche wurde. Was war geschehen? Am 9. Oktober 1680 hatte das in Neuburg befindliche Marienbildnis, eine damals recht junge Holzskulptur von 30 Jahren, ihre hölzernen Augen auf den vor ihr knienden jungen Pater Markus von Aviano gerichtet. Die fürstliche Familie und viele Gläubige waren Zeugen. Der Pfalzgraf, der Bischof von Passau und weitere 29 Zeugen sagten unter Eid aus, dass sie die Augenwende der Madonna auf den Mönch genau gesehen hätten. Philipp Wilhelm selbst war so beeindruckt von diesem unerwarteten Augenspiel der Marienfigur, dass er sie in Öl malen ließ und gemeinsam mit dem Kapuzinerpater, dem der Blick gegolten hatte, nach Düsseldorf schickte. Aviano berichtete von dem, was während seiner Predigt geschehen war, und die Kopie des Wunderbildes, die eigentlich nur eine Erinnerung an ein Wunder war, reichte aus, um selbst Wunder zu bewirken oder darauf zu hoffen. Irgendwann haben die Neuburger ihre Madonna verschenkt, und auch über das Düsseldorfer Abbild ist nicht bekannt, ob es jemals die Augen verdreht hat.

Adresse Schulstraße 15a, Tel. 0211/3004990 (Pastoralbüro), www.lambertuspfarre.de | ÖPNV Bus 726, Haltestelle Maxplatz | Öffnungszeiten täglich 9–19 Uhr | Tipp Eine andere segensreiche und über Jahrhunderte verehrte Figur befindet sich in der Lambertuskirche (am nördlichen Pfeiler des Triumphbogens, an der Stelle des früheren Lettners). Das Marien-Gnadenbild, eine Holzplastik aus dem 15. Jahrhundert, war Ziel zahlreicher Wallfahrten und wurde ursprünglich in einer Kapelle vor der Kreuzherrenkirche (Ecke Altstadt/Liefergasse) angebetet.

30_Die Goldene Brücke im Hofgarten

Von einem Ufer zum anderen

Für gewöhnlich werden die gigantischen Spiegelkarpfen, die schwarzen Schwäne und die exotischen Mandarinenten, die unter ihr hindurchschwimmen, mehr beachtet und bewundert als sie selbst. Dabei hätte gerade sie eine ihrem Status entsprechende Aufmerksamkeit verdient, denn die Goldene Brücke stammt zumindest als romantische Idee einer Brücke noch aus der Zeit am Ende des 18. Jahrhunderts, als der Hofgarten von einem barocken Lust- und Jagdgarten in eine bürgerlich-klassizistische Anlage umgestaltet wurde. Als stilistisches Landschaftselement akzentuierte sie einen künstlich angelegten See, den zu überqueren eigentlich wenig Sinn, aber viel Spaß machte. Die Brücke war Selbstzweck und Symbol für eine bürgerlich aufstrebende Zeit, deren humanistisches Ideal es wurde, den Menschen auch goldene Brücken im ganz normalen Leben zu bauen.

Die erste Brücke an dieser Stelle wurde vom Großherzoglichen Bergischen Baudirektor Adolf von Vagedes (1777–1842), einem Schüler Karl Friedrich Schinkels, errichtet. Sie war vermutlich hoch gewölbt wie die Rialto-Brücke in Venedig. Leider sind von Vagedes' maßgeschneiderten Bauten in Düsseldorf nur noch das perfekte Ratinger Tor erhalten, sein Meisterstück und zeitloser Geniestreich, der seinen Lehrer Schinkel zur weltberühmten Neuen Wache in Berlin inspirierte.

Die Goldene Brücke wurde dem wechselnden Zeitgeschmack entsprechend mehrfach umgebaut. 1951 erhielt sie im Rahmen einer Rundumerneuerung das heutige schlichte und biedermeierlich authentisch wirkende Geländer. Schon seit einem Jahrhundert ist sie wunderbar flach, hinter Bäumen und Büschen nur bedingt einsehbar für wagemutige Radfahrer, die ungern abbremsen und geschickt – und mit dem ihnen eigenen Selbstverständnis, normalen Zweibeinern überlegen zu sein – die Entenfotografierer und Karpfenbewunderer hautnah schneiden, um in den grünen Tiefen des Hofgartens ebenso schnell zu verschwinden, wie sie aufgetaucht sind.

Adresse zwischen Hofgartenstraße und Maximilian-Weyhe-Allee | **ÖPNV** U 70, U 71, U 72, U 73, U 74, U 75, U 76, U 77, U 78, U 79, U 83, Bus 780, 782, 785, 805, 817, SB 50, Haltestelle Heinrich-Heine-Allee | **Öffnungszeiten** ganzjährig | **Tipp** Rechts hinter der Brücke (vom Parkhotel aus gesehen) liegt der Ananasberg, der in fernsehlosen Vorkriegszeiten zu den beliebtesten Ausflugszielen der Stadt zählte. Auf dem Berg, der natürlich nur ein aufgeschütteter Hügel ist, befand sich ein Café-Restaurant mit 1.500 Sitzplätzen.

31 Der Golzheimer Friedhof

Was lange ruht

Flüsse und Friedhöfe haben gemeinsam, dass man ganz unwillkürlich über das Leben nachdenkt, wenn man sie betrachtet. Beide sind Sinnbilder der Vergänglichkeit, und wer von einer in eine andere Welt wechselt, wird entweder am Ende des richtigen Lebens oder in seinen mythischen Vorstellungen Bekanntschaft mit dem einen oder dem anderen Ort machen.

In seinen Anfängen, am Anfang des 19. Jahrhunderts, lag der Golzheimer Friedhof nördlich der Stadt, noch vor ihr, und direkt am Ufer des Rheins – ein philosophischer Ort, der von den poetischen und frühromantischen Neigungen der ersten Bewohner dieses Friedhofs zeugt. Leider floss der Rhein irgendwann weiter westlich, Fußball- und Grillwiesen schoben sich zwischen ihn und die Gräber, und Stadtplaner mit ihrem ganz eigenen poetischen Potenzial teilten den Friedhof mit einer vierspurigen Straße in zwei gleich große Teile. Das neue Verwaltungsgebäude der Ergo Versicherung nimmt ihm neuerdings die hoffnungsfrohe Morgensonne, also den lichten Anfang, der erst das dunkle Ende aller Tage erträglich macht.

Aber dennoch hat der unter Denkmalschutz stehende Friedhof, der 1906 seine letzte Beerdigung erlebte, etwas von seiner mortalen Sinnlichkeit behalten. Die verwitterten und schiefen, teils umgestürzten Grabsteine zeigen Namen, die keiner mehr kennt, und ihre porösen Inschriften sind manchmal nur noch mit den Händen zu ertasten. Sie sind zu Denkmalen ihrer selbst und einer alten repräsentativen Grabkultur geworden und zu Erinnerungssteinen für die prominenten Düsseldorfer, deren allerletzte Reste unter ihnen begraben liegen: die Maler Alfred Rethel und Friedrich Wilhelm von Schadow etwa oder der Dramatiker Carl Leberecht Immermann sowie der Gartenarchitekt Maximilian Friedrich Weyhe. Besucher gibt es hier kaum: ein paar Spaziergänger, Coffee-to-go-Trinker aus den umliegenden Büros, Musikstudenten der nahe gelegenen Robert-Schumann-Hochschule und Hundeliebhaber, die darauf achten, dass ihre Lieblinge die Grabsteine respektieren.

Adresse Fischerstraße/Kleverstraße | ÖPNV U 78, U 79, Bus 722, Haltestelle Victoriaplatz/Klever Straße | Öffnungszeiten ganzjährig | Tipp Unmittelbar südlich des Friedhofs steht das älteste und schönste Düsseldorfer Atelierhaus, Sittarder Straße 5, das 1908 eröffnet wurde.

32 Das Grabmal Wilhelm des Reichen

Ohne Pferd

Eigentlich hätte Herzog Wilhelm V., genannt der Reiche, ganz nach dem Geschmack auch der heutigen Düsseldorfer sein müssen. Und das nicht nur wegen seines verheißungsvollen Beinamens, der durch die Jahrhunderte immer auch eine Sehnsuchtssaite aller nach Erfolg strebenden Risikoanleger zum Klingen bringt.

Wilhelm wurde in Düsseldorf geboren und starb auch hier. Er kam also mitten aus der heutigen Altstadt, einer der seltenen echten Düsseldorfer, ein humanistisch gebildeter und zumindest in jungen Jahren gut aussehender Mann, der zu allem bereit war, um seine Macht zu mehren, und der selbst mit dem mächtigen Habsburger Kaiser Karl V. Krieg führte. Um ihn zu gewinnen, verheiratete er seine Schwester Anna von Kleve mit Heinrich VIII. von England (der zwei seiner Ehefrauen köpfen ließ) und hoffte auf familiäre Waffentreue. Er selbst suchte in Franz I. von Frankreich einen weiteren Verbündeten und ehelichte eine seiner Nichten, die allerdings noch ein Kind war. Als die angeheirateten Hilfen ausblieben und Wilhelm die Schlachten im Rheinland gegen das Heer Karls V. verlor, ließ er seine Ehe annullieren und heiratete, um schneller zum Ziel zu kommen, Maria von Habsburg, eine Verwandte des Kaisers. Sein Hof in Düsseldorf war prachtvoll und bei seinen Zeitgenossen entsprechend beliebt. Man suchte seine Nähe und Freundschaft, und als er 1592 mit 73 Jahren starb, war es, als würde eine luxuriöse Epoche mit ihm zu Grabe getragen.

Sein Grabmonument aus mehrfarbigem Marmor in der Lambertuskirche, das den Herzog in voller Rüstung auf seinem Sarkophag liegend zeigt, gehört zu den Hauptwerken der manieristischen Plastik in Deutschland. Nach seinem Tod ist Wilhelm seltsam verblasst. Heute ist er den Düsseldorfern fast unbekannt, was vielleicht auch daran liegt, dass er kein öffentliches Denkmal hinterließ wie Jan Wellem, der grün angelaufen und hoch zu Ross noch mitten auf dem Marktplatz steht.

Adresse Stiftsplatz, Lambertuskirche, Tel. 0211/3004990 (Pastoralbüro), www.lambertuspfarre.de | ÖPNV U 70, U 71, U 72, U 73, U 74, U 75, U 76, U 77, U 78, U 79, U 83, Bus 780, 782, 785, 805, 817, SB 50, Haltestelle Heinrich-Heine-Allee | Öffnungszeiten täglich 8–18 Uhr | Tipp Der Kreuzigungsgruppe der Lambertuskirche gegenüber liegt die Theresienkapelle, die vom kurfürstlichen Hofbaumeister Matteo Alberti Anfang des 18. Jahrhunderts entworfen wurde und als letztes Gebäude vom ehemaligen Kloster der Karmeliterinnen übrig blieb.

33 Der »Hammer Blick«

Wilde Wasser

Der »Hammer Blick« ist das südliche Biergarten-Pendant zum Burghof in Kaiserswerth (siehe Ort 11). Radfahrer und Ausflügler, die Richtung Himmelgeist, Urdenbacher Kämpe oder zur Zonser Fähre auf den lang gezogenen Deichen unterwegs sind, bleiben hier gern und an besonders schönen Tagen ausdauernd hängen. Wer einen Tisch hat, wird ihn lange halten.

In der Mitte zwischen Südbrücke und Hammer Eisenbahnbrücke gelegen, ist das zwar kein ausgesprochen romantischer Ort. Schön ist er mit seinen alten Bäumen dennoch und vielleicht sogar der schönste in Kappes-Hamm, wo sich die letzten Dorfreste zunehmend auflösen und kurios verbaut werden. Die Blicke gehen hier weit über den Rhein und seine Wiesen nach Westen, und mit dem Licht der untergehenden Sonne stellt sich immer das beruhigende Gefühl ein, am richtigen Ort und eigentlich ein glücklicher Mensch zu sein. Unter Umständen beneidet man sich plötzlich selbst.

Der Hammer Blick ist das Vereinslokal des Kajak-Clubs Düsseldorf. Der Club wurde bereits 1923 gegründet, und unter den vielen stadtbekannten Düsseldorfer Clubs, die immer wieder mal für irritierende Auftritte und eine Menge Melodramatik sorgen, wie Fortuna und die DEG, ist der KCD eher unbekannt, zurückhaltend und vielleicht auch etwas zu bescheiden. Sieben Weltmeister und Weltmeisterinnen hat er immerhin hervorgebracht, fast ein Dutzend Juniorenweltmeister, viele Vize und ungezählte Dritte. In den wildesten Gewässern ist man erfolgreich unterwegs, liebt reißende Flüsse, komplizierte und gefährliche Strecken und anspruchsvolle Drops. Man fragt sich irritiert, wo und wie die Kajakfahrer hier eigentlich trainieren: Der Rhein fließt in Hamm so langsam und beschaulich wie überall in Düsseldorf.

Nebenan gibt es den einst berühmten Düsseldorfer Ruderverein von 1880, der von Kaufleuten, Adligen und vielen Düsseldorfer Malern gegründet wurde. Dessen Boote schieben elegant im Rhythmus gleichmäßiger Schläge durch das Sonnenlicht, das auf dem Fluss liegt.

Adresse Fährstraße 253a, Tel. 0211/43632500, www.hammerblick.de | ÖPNV Bus 723, Haltestelle Florensstraße | Öffnungszeiten Di–Do 17–21.30 Uhr, Fr 17–22.30 Uhr, Sa 10–22.30 Uhr, So 12–21.30 Uhr, Mo geschlossen | Tipp Ganz in der Nähe befindet sich das bemerkenswerte und einzigartige Bonsai-Museum, Hammer Dorfstraße 167.

34 Das Heine Haus

Ganz wehmütig

Natürlich ist nichts mehr so, wie es war, als Heinrich Heine im Dezember 1797 hier geboren wurde. Nach zahlreichen Umbauten und Kriegszerstörungen ist nur die Adresse die alte geblieben, aber die originale Grundausstattung, wie es sie gelegentlich in anderen Dichterhäusern gibt, mit Reliquien und Devotionalien, die an den Dichter erinnern, sind leider nicht vorhanden.

Heinrich Heine lebte in der Bolkerstraße 53 bis zum Sommer 1816, als er Düsseldorf verließ, um bei seinem Onkel Salomon in Hamburg in die Lehre zu gehen; später studierte er Jura in Göttingen und Heidelberg, wurde zum Lieblingsfeind der preußischen Zensur und emigrierte schließlich 1831 nach Paris. Dort starb er 1856. Nach Düsseldorf ist er nie wieder zurückgekehrt, auch wenn er über Düsseldorf und die Bolkerstraße die oft zitierten Sätze schrieb: »Die Stadt Düsseldorf ist sehr schön, und wenn man in der Ferne an sie denkt und zufällig dort geboren ist, wird einem wunderlich zu Mute. Ich bin dort geboren, und es ist mir, als müßte ich gleich nach Hause gehen. Und wenn ich sage nach Hause gehn, so meine ich die Bolkerstraße und das Haus, worin ich geboren bin.«

Viele Jahre erinnerte nur eine Bronzetafel an den sperrigsten deutschen Klassiker, zeitweilig zwischen 1933 und 1945 war selbst die verschwunden, und sogar sein Name wurde, da er Jude war, aus seinen Gedichten gestrichen. Aber heute ist zumindest Heines Geist reanimiert, der sich im Wesentlichen über seine Lust am literarischen Widerspruch definierte. In Heines Geburtshaus befindet sich seit 2006 die Literaturhandlung Müller & Böhm: ein Ort, der die intellektuellen Batterien zweier Jahrhunderte bereithält, in der unerschütterlichen Annahme, dass Bücher und vielleicht auch ihre Leser die Welt werden retten können.

Ungefähr da, wo Heine geboren wurde, im Hinterhaus, befindet sich heute ein schöner lichter Vortragsraum, in dem von den Buchhändlern Selinde Böhm und Rudolf Müller Lesungen mit international renommierten Autoren organisiert werden.

Adresse Bolkerstraße 53, Tel. 0211/20054294, www.heinehaus.de | ÖPNV U 70, U 71, U 72, U 73, U 74, U 75, U 76, U 77, U 78, U 79, U 83, Bus 780, 782, 785, 805, 817, SB 50, Haltestelle Heinrich-Heine-Allee | Öffnungszeiten Mo–Fr 10–19 Uhr, Sa 10–16 Uhr und während der Veranstaltungen | Tipp Die »Arche Noah«, das Haus von Heines Onkel Simon van Geldern, auf dessen Dachboden Heine als Kind häufig spielte, befand sich in der Mertensgasse, einer Querstraße der Bolkerstraße. Am Haus Nr. 1 erinnert eine Gedenktafel daran.

35_Das Hetjens-Museum

Im Porzellan-Laden

Weltweit ist das Hetjens-Museum das einzige, das die universelle Geschichte der Keramik von ihren Anfängen bis zur Gegenwart unter einem Dach präsentiert, wenn man den funktionalen, 1994 zum 85. Geburtstag des Museums eingeweihten Erweiterungsbau und das spätbarocke Palais Nesselrode als bauliche Einheit begreift.

Wie viele andere Sammlungen entsprang auch die von Laurenz Heinrich Hetjens (1830–1906) einem forschenden Dilettantismus im besten Sinn, einer lebenslangen Passion und sehr glücklichen Umständen. Durch die vorteilhafte Heirat mit einer älteren Industriellen-Witwe konnte sich Hetjens ganz dem Sammeln von Steinzeug widmen.

Als Hetjens starb, vermachte er seine gesamte Hinterlassenschaft (damals circa 2.000 Objekte) seiner Vaterstadt Düsseldorf unter der Bedingung, für 150.000 Goldmark (die er ebenfalls zur Verfügung stellte) binnen eines Jahres mit der Errichtung eines Museums zu beginnen. Da Hetjens offensichtlich über Menschen- und Städtekenntnis verfügte, hatte er für den Fall der Nichteinhaltung die Stadt Köln als Nacherbin eingesetzt.

Von ihrem ersten Standort am nördlichen Ende des Kunstpalastes, später Kunstmuseum, zog die durch zahlreiche Schenkungen bereicherte Sammlung (mittlerweile auf circa 20.000 Inventarnummern angewachsen) 1969 in das spätbarocke Palais Nesselrode an der Citadellstraße um. Vorantike Gefäße, etruskische Sarkophage, griechische Vasen, frühe Keramik aus Ostasien, Altamerika und dem Iran, rheinisches Steinzeug, französische Fayencen und europäisches Porzellan bedeutender Manufakturen bieten einen einzigartigen Einblick in einen Bereich weltweit verbundener Kulturgeschichte.

Durch eine Schenkung des Düsseldorfer Architekten und Mäzens Dr. Helmut Hentrich verfügt das Museum auch über eine hochkarätige Sammlung von Keramik des Jugendstils.

Die Spanne der Exponate reicht heute von der frühzeitlichen Keramik – die ältesten Stücke sind circa 5.000 Jahre alt – bis zur aktuellen industriellen Nutzung in Wissenschaft und Technik.

Adresse Schulstraße 4, Tel. 0211/8994210, www.duesseldorf.de | **ÖPNV** Bus 726, Haltestelle Maxplatz | **Öffnungszeiten** Di–So 11–17 Uhr, Mi 11–21 Uhr, Mo geschlossen | **Tipp** Im Haus Benrather Straße 3 wohnte der Schauspieler Wolfgang Langhoff, der im Konzentrationslager Börgermoor den Text zu den »Moorsoldaten« schrieb, einem zu seiner Zeit sehr populären Widerstandslied von Ernst Busch. Langhoff war nach dem Krieg Generalintendant in Düsseldorf, später Leiter des »Deutschen Theaters« in Berlin.

36 Das Hosen-Grab

Unsterblich!

Irgendwann werden sie alle hier liegen: Andi, Breiti, Campino, Kuddel, Trini, Wölli und vielleicht auch Vom, der aus England zu den Hosen kam. Ihre wichtigsten Mitarbeiter und der harte Hosen-Kern, der in den Anfängen daran beteiligt war, den klapprigen Opel anzuschieben (ihr erstes Album »Opel-Gang« erschien 1983) werden sich hier zur letzten Ruhe betten und natürlich auch einige von denen, die später aus dieser verschrappten Altstadt-Punk-Band Deutschlands erfolgreichste Rockband machten, dürfen mit ins Hosen-Grab.

Eine kleine graue Grabplatte weist auf Uwe Faust (1956–2009). Er war der Erste, der hier beigesetzt wurde, der Fahrer der Hosen, der schwergewichtige Ur-Roadie, der Junge, der die Hosen mit allem versorgte, was sie brauchten, auch mit Stoff, und deshalb einige Zeit im Knast saß. Die Hosen haben ihm das nie vergessen. »You'll never walk alone« haben sie auf seine Grabplatte um das Band-Logo herum schreiben lassen. Faust war einer von ihnen.

Seit 2015 liegt hier auch Jochen Hülder (*1957), ihr Manager. Er hat das Potenzial der Hosen erkannt, als es noch wenig zu erkennen gab und überhaupt nur Kuddel ein Instrument halbwegs spielen konnte. Hülder hat die Hosen auch eng mit seiner Wahlheimat Düsseldorf verbunden: Sie waren Hauptsponsor von Fortuna Düsseldorf, als die Mannschaft keinen anderen mehr fand, sie unterstützten die DEG, als sie pleite war, und haben seit 1996 gelegentlich ihren eigenen Karnevalswagen. Sie waren also immer mittendrin im bewegten Düsseldorfer Leben. Das wird im Tod nicht anders sein. Dass es ein Jahr nach Jochen Hülder auch Wolfgang »Wölli« Rohde erwischte, erschütterte die Musikszene und die Hosen noch einmal. Viele Fans halten die Band für unsterblich, die Hosen tun es vermutlich auch (nicht nur wegen ihres gleichnamigen Albums), und Wölli war von 1986 bis 1999 ihr Schlagzeuger. In den letzten Jahren tourte Rohde als »Wölli und die Band des Jahres« durch viele Clubs. Er wurde vom Trommler zum Sänger und sang auch mit seinem alten Kumpel Campino: »Alles nochmal von vorn« und als Motto am Ende: »Kein Grund zur Traurigkeit«.

Adresse Am Südfriedhof, Grabfeld 20 | ÖPNV Straßenbahn 709, Haltestelle Südfriedhof | Öffnungszeiten täglich 8–19 Uhr | Tipp Auf dem Grabfeld 46B befindet sich ein neuer, parkähnlich angelegter und teils mit Kunstwerken geschmückter Memoriam-Garten für etwa 600 Verstorbene.

37_Der Hungerturm

Nicht vom Brot allein

Gerade die barocken Herrscher mit ihrem bacchantischen und luxuriösen Lebensstil hatten häufig eine zärtliche Zuneigung zu denen, die asketisch, fromm und selbstlos lebten. Kurfürst Johann Wilhelm II., der in Düsseldorf omnipräsente Jan Wellem, schätzte deshalb besonders die Trappistenmönche, ein Suborden der Zisterzienser, die sich ausgesprochen harten und strengen Regeln unterworfen hatten. Sie lebten arm, selbstlos, zurückgezogen und schweigend, mehr in ihre Gebete als in die Welt vertieft, die sie mieden, um Gott näher sein zu können. Ihr Ideal war es, ganz im Gegensatz zum prunkvollen kurfürstlichen Hof, sich aus allem rauszuhalten, was außerhalb der Klostermauern geschah, und die Tage damit zu verbringen, zu beten und zu arbeiten. Der Kurfürst schenkte ihnen ein großes Areal im Düsseltal, in der Nähe des Grafenberger Waldes, und er soll sie oft besucht haben, um ihnen aus Neigung und Neugierde bei der Arbeit zuzuschauen.

Geblieben vom großen Kloster ist nur der Hungerturm. An ihm standen die Hungrigen seit Eröffnung des Klosters 1709 Schlange. Aus seinen Fenstern wurde denen zu essen gereicht, die nicht einmal zu essen hatten. Erhalten geblieben ist der Turm aber nicht so sehr wegen seiner historischen und barmherzigen Bedeutung, sondern vor allem deshalb, weil man ihn heute als Transformatorenhäuschen nutzen kann, das sich in die Umgebung unaufdringlich und schön einpasst.

Seine durchaus menschliche Würde wurde leider in den letzten Jahren aus irgendeinem Grund stark infantilisiert, indem man etwas dümmlich lächelnde Bronzefiguren aus seinen Fenstern herausschauen lässt, als stünde er auf einem Spielplatz.

Vielleicht sollen die simplen Reliefs aber auch den Schrecken einer alten Kindereinschüchterungsgeschichte mindern, mit der man in alten Zeiten gern pädagogisch in die Vollen ging: Demnach rührt der Name des Turmes nämlich daher, dass zwei unerzogene und uneinsichtige Kinder im Turm verhungerten.

Adresse Max-Planck-Straße/Ecke Fritz-Wüst-Straße | **ÖPNV** Bus 834, Haltestelle Sohnstraße | **Öffnungszeiten** ganzjährig | **Tipp** Nur wenige Meter vom Turm entfernt, hinter Büschen und Bäumen etwas verborgen, sind die letzten Steine des ehemaligen Klosterfriedhofs der Trappistenmönche zu einer Art Grabstein-Rondell arrangiert.

38 Die Hunsrückenstraße 16

In der Huns Back Street

Ein heiliger Ort der Kunst, und keine Gedenktafel erinnert daran, dass von hier aus die Düsseldorfer Nachkriegsszene die Welt fast im Sturm nahm. Einzigartig und doch so profan, dass man sich die Cocktailbar, die heute hier installiert ist, einfach beiseite denken muss und sich das berühmte Foto vergegenwärtigen sollte, auf dem Alfred Schmela und der später weltberühmte Yves Klein hinter dem Fenster rechts neben der Tür zu sehen sind, beide im Gespräch und unscharf in Schwarz-Weiß, im Mai 1957.

Schmela startete mit den monochromblauen Bildern Kleins den Angriff der Moderne auf die damals noch mächtig konservativ beschatteten Sichtweisen. Alles, was Schmela in den ersten Jahren ausstellte, machte Skandal. Er hatte die Presse und die Passanten gegen sich, aber er schien intuitiv darauf zu vertrauen, dass Kunst starken Gegenwind braucht, um überhaupt nach vorne zu kommen.

Schmela zeigte den damals noch unverkäuflichen und heute unbezahlbaren Kurt Schwitters und den Exzentriker George Mathieu, der vor einem verblüfften Publikum wie ein eleganter Musketier mit den Leinwänden focht. Schmela wurde der Galerist der aufstrebenden Gruppe ZERO, und spätestens mit dem großen, spektakulären, auch TV-tauglichen ZERO-Fest vor seiner Galerie und auf den Rheinwiesen am 5. Juli 1961 hatten Schmela und seine Künstler Düsseldorf zu einem auch international renommierten Zentrum der deutschen Kunstszene gemacht. Die auch für englische und amerikanische Künstler so wichtige, aber unaussprechliche Hunsrückenstraße wurde zur weltweit bekannten »Huns Back Street«.

Als diese erste seiner Galerien am 15. Dezember 1966 schloss, gab es eine »Hommage an Schmela«: An sieben aufeinanderfolgenden Tagen fanden sieben Veranstaltungen von sieben außergewöhnlichen Künstlern in der Galerie statt, die mit ihren glänzenden Namen die Leistungen ihres Mentors, Förderers und Mitverdieners Alfred Schmela bezeichnen: Otto Piene, Sigmar Polke, Konrad Lueg, John Latham, Gerhard Richter, Heinz Mack und Joseph Beuys.

Adresse Hunsrückenstraße 16 | ÖPNV U 70, U 71, U 72, U 73, U 74, U 75, U 76, U 77, U 78, U 79, U 83, Bus 780, 782, 785, 805, 817, SB 50, Haltestelle Heinrich-Heine-Allee | Öffnungszeiten ganzjährig | Tipp Ohne Kneipe keine Kunst: Schmelas Künstler trafen sich in »Fatty's Atelier« (heute: »The Irish Pub«) gegenüber der Galerie, die vor Schmela eine Kneipe war und heute wieder eine ist.

39_Das japanische Viertel

Unter der aufgehenden Sonne

Hier ist Düsseldorf zwar nicht am schönsten, aber doch am geschäftigsten, und man begegnet in diesem Viertel zwischen Karlstraße, Berliner Allee, Graf-Adolf-Straße und Klosterstraße so vielen Japanern und Asiaten wie sonst nirgendwo in Deutschland. Seit den 50er Jahren siedeln sich japanische Firmen in Düsseldorf an, und die Stadt, die sich marketingtechnisch gern selbst Klein-Paris nennt, nennt sich ebenso gern Klein-Tokyo.

Der verstorbene Avantgarde-Musiker Klaus Dinger, Mitbegründer von Kraftwerk, La Düsseldorf und Neu, widmete der Immermannstraße einen Track auf seinem letzten Album »Japandorf«. Die Immermannstraße ist gewissermaßen die Hauptallee des Viertels: In ihr befinden sich das Deutsch-Japanische Center, das Hotel »Nikko« (heute Clayton) und auch das erste japanische Restaurant, »Nippon-Kan«, wurde hier 1964 eröffnet (an der Stelle des heutigen All-You-Can-Eat-Restaurants »Okinii«, Nummer 35).

Die gastromische Szene in diesem Quartier ist besonders interessant und entsprechend stark frequentiert. Vielen Restaurants wird attestiert, dass sie eine authentische japanische Küche anbieten, zumindest in dem optimalen Maß, wie das außerhalb Japans möglich ist: Im »Soba-An«, Klosterstraße 68, kocht Deutschlands einzige Soba-Meisterin, Tamaki Hamano, im »Yabase«, in Nummer 70, erlebt man japanische Küche in ihrer manchmal irritierend puristischen Reduzierung auf eindeutige Geschmäcker. Auf höchstem Niveau, ästhetisch makellos und beeindruckend komponiert wie ein japanischer ZEN-Garten kocht Yoshizumi Nagaya in seinen nach ihm benannten Restaurants »Yoshi« (Kreuzstraße 17) und »Nagaya« (Klosterstraße 42). Beide Restaurants wurden mit Michelin-Sternen ausgezeichnet.

Vor den beiden Suppenküchen »Na Ni Wa« (Oststraße 55) und »Takumi« (Immermannstraße 28) stehen die Esser selbst bei Minustemperaturen Schlange und studieren schon auf der Straße die bunt bebilderten Speisekarten.

Adresse Immermannstraße 31 zwischen Karlstraße, Berliner Allee, Graf-Adolf- und Schadowstraße | **ÖPNV** Straßenbahn 701, 705, 706, 707, Bus NE 3, NE 4, NE 5, NE 7, Haltestelle Charlottenstraße/Oststraße | **Öffnungszeiten** ganzjährig | **Tipp** Ein sehr schöner japanischer Garten wurde im Nordpark (im Stadtviertel Golzheim, erreichbar mit den Linien U 78 und U 79) angelegt.

40 Die »Jazz-Schmiede«

A Love Supreme

Zumindest in Düsseldorf war das »Downtown« weltberühmt. Zwischen 1966 und 1987 spielten in der Mertensgasse berühmte Jazzer, an die auch heute noch, nach immerhin 40 Jahren, gern erinnert wird: Chat Baker, Art Blakey, Dexter Gordon, George Maycock und Ben Webster. Sie haben der heimischen und rheinischen Jazzszene die Absolution erteilt und ein Licht in den Jazzhimmel gesetzt, das bis heute nachleuchtet, zumindest noch flackert und in der Erinnerung so unfassbar schön wird wie die erste Begegnung mit Miles Davis oder John Coltrane.

Denn damals waren es große Zeiten. Und schon damals wollte man ein Jazzhaus, also einen festen Ort, an dem Jazz belastungsfrei (von gastronomischen Umsätzen und Besucherzahlen) gespielt werden konnte, am besten öffentlich gefördert, mit großem Konzertsaal und angeschlossenen Übungsräumen für den ambitionierten Nachwuchs.

Seit 1995 gibt es die »Jazz-Schmiede«, eine kleinere Variante der alten Forderungen und Fantasien. Mittlerweile wurden mehr als 2.000 Konzerte organisiert, eine beeindruckende Leistung, denn entgegen vieler Behauptungen ist Düsseldorf keine Jazzstadt und war es selbst zu den goldenen Downtown-Zeiten nicht. Mit dem seligen und in seiner Zeit ebenso berühmten »Dr. Jazz« und dem mittlerweile wiederbelebten »Em Pöötzke«, der ältesten Jazzkneipe Deutschlands (Mertensgasse 6), wurde immer dem unkomplizierten Dixie-Kneipen-Jazz gehuldigt.

Auch in der Schmiede geht es gemütlich, manchmal sogar familiär zu. Man kennt sich, und die Bands bringen ihre eigenen Fans mit, was durchaus eine generationenübergreifende Angelegenheit sein kann. Der Verein, der die Schmiede trägt, lebt von beglückten Followern und Stammgästen. Auch wenn die Gelder für die richtig großen Acts des internationalen Jazz fehlen, hat man hier oft mehrmals wöchentlich die sehr schöne Gelegenheit, in die Zukunft des Jazz hineinzuhören.

Adresse Himmelgeister Straße 107 (Eingang Ulenbergstraße), Tel. 0211/3110564, www.jazz-schmiede.de | ÖPNV Straßenbahn 705, 706, Haltestelle Am Steinberg, Bus 835, 836, Haltestelle Moorenstraße | Öffnungszeiten wechselnd und entsprechend den jeweiligen Veranstaltungen | Tipp Während der Sommermonate findet die seit Jahren sehr beliebte und gut besetzte Reihe »Jazz im Hofgarten« statt.

41 Die Julia Stoschek Foundation

Von Kunst besessen

Es gibt viele Gründe und Anlässe, den wunderbaren Beuys-Jahren nachzutrauern, als die Stadt auf der großen Kunstweltkarte einer der wichtigsten europäischen Orte war. Das lag nicht nur an Professor Joseph Beuys, der mit seinen schamanischen Happenings, wirren Worten und energiegeladenen Fettecken das gesunde Volksempfinden beinah täglich zur Weißglut brachte und schließlich 1972 vom damaligen Wissenschaftsminister und späteren Bundespräsidenten Johannes Rau vor die Akademietür gesetzt wurde. Das lag auch an seinen selbstbewussten Schülern, die ebenfalls keine Gelegenheit ausließen, die Fernsehbürger durch immer wieder neue Geniestreiche und Sichtweisen in Angst und Schrecken zu versetzen. Ständig war in den Galerien was los, und die Düsseldorfer schliefen ein paar Jahre lang mit der bangen Frage ein, was ist nun Kunst und was kann weg.

Auch wenn die Sammlerin Julia Stoschek erst nach den Beuys-Jahren geboren wurde: Sie hätte gut in diese Zeit gepasst. Sie ist augenscheinlich bereit, alle Konventionen der Büroturm-Dekorateure zu ignorieren und einzig dem zu folgen, was sie und ihre Mitarbeiter für wichtig halten. Sie hat die Mittel, ausschließlich ihren Leidenschaften zu folgen, und so entstand eine der weltweit interessantesten Sammlung von mehreren hundert Videoarbeiten und Installationen. In knapp zehn Jahren wurde der Grundstock der Sammlung zusammengetragen, und die Sammlerin kauft bei Gelegenheit ganze Werkgruppen von jungen Gegenwartskünstlern, was sie zu einer der beliebtesten Persönlichkeiten der Szene macht.

Seit 2007 werden in einem restaurierten und umgebauten Fabrikgebäude auf 2.500 Quadratmetern diese für die Gegenwartskunst so wichtigen Arbeiten und Ideen in immer neuen Wechselausstellungen gezeigt und in aufwendigen Kunstbänden dokumentiert. Die Vernissagen sind gesellschaftliche und kulturelle Events, an denen mehrere hundert Kunst- und Partyliebhaber teilnehmen.

Adresse Schanzenstraße 54, Tel. 0211/5858840, www.jsfoundation.art | **ÖPNV** U 70, U 74, U 75, U 76, U 77, Bus 805, 828, 833, 834, 835, 836, Haltestelle Belsenplatz | **Öffnungszeiten** Sa und So 12–18 Uhr, 1. Do im Monat 18–22 Uhr | **Tipp** Die »Brasserie Hülsmann« am Belsenplatz gilt gegenwärtig als eine der besten und unkompliziertesten Adressen in Oberkassel.

42 Das »Junge Rheinland« im Stadtmuseum

Die Zeitgenossen

Im Jahr 1918 verfassten der expressionistische Dichter Herbert Eulenberg und die Düsseldorfer Maler Arthur Kaufmann und Adolf Uzarski einen »Aufruf an die jungen rheinischen Künstler« mit dem Ziel, den rheinischen Künstlern »den ihnen gebührenden, schon viel zu lange vorenthaltenen Platz im deutschen Kunstschaffen zu erobern«. Man formulierte eine Kampfansage an die offizielle Kulturpolitik: »Mit jeder Cliquenwirtschaft, wie sie bisher bei fast allen Ausstellungen üblich war, soll ein für alle Mal aufgeräumt werden.«

Das war natürlich ein frommer, bis heute nicht erfüllter Wunsch, aber am 24. Februar 1919 wurde das »Junge Rheinland« gegründet. An der ersten in der Düsseldorfer Kunsthalle gezeigten Ausstellung beteiligten sich auch sofort 113 Künstler, die sich irgendwie benachteiligt fühlten. Noch im selben Jahr spaltete sich der linksgerichtete »Aktivistenbund 1919« um den Fotografen Erwin Quedenfeldt vom »Jungen Rheinland« ab. Der Galerist Alfred Flechtheim wollte aus dem bunten Starterfeld nur die etablierten Größen des »Rheinischen Expressionismus« gelten lassen, und die neuen aufsteigenden Stars – Otto Pankok, Gert Wollheim, Otto Dix und Max Ernst – schlossen sich der Galerie von Johanna Ey an, die schließlich das Zentrum der Bewegung wurde.

Aber auch hier gab es Turbulenzen und Grabenkämpfe, Neid und Hysterie. Schließlich zog Ernst nach Paris, Wollheim wechselte nach Berlin, Dix erhielt eine Professur in Dresden. 1923 formierte sich die »Rheingruppe« gegen den Rest, und die verbliebenen revolutionären Künstler innerhalb des »Jungen Rheinlands« gründeten die »Asso« (Association proletarisch revolutionärer bildender Künstler Deutschlands). In den Räumen des Stadtmuseums ahnt man nur wenig von diesen Kämpfen und Spannungsfeldern der frühen Avantgarde, aber es werden sehr bedeutsame Werke in einer Dauerausstellung gezeigt, unter anderem das Gruppenbild von Arthur Kaufmann »Die Zeitgenossen«.

Adresse Berger Allee 2, Tel. 0211/8996170, www.duesseldorf.de | ÖPNV Straßenbahn 706, 708, 709, Bus 726, Haltestelle Poststraße | Öffnungszeiten Di–So 11–18 Uhr | Tipp Wenn man die Citadellstraße zwischen Hetjens-Museum und Stadtmuseum entlanggeht, hat man einen schönen und vermutlich richtigen Eindruck von der Stadt, wie Heinrich Heine, der hier zur Schule ging, sie sah (allerdings ohne Autos).

43 Die Kaiserpfalz

Von Bischöfen und Söldnern

Viel ist nicht mehr übrig. Und das bisschen, das noch steht und vor 100 Jahren aus einem Steinbruch mehr oder weniger bestandssichernd rekonstruiert wurde, ist nicht so beeindruckend wie das wunderbare, aber längst vergangene Bild, das man sich von ihr machen kann. Die Kaiserpfalz war gigantisch, klotzig, mächtig, schön – ein echter Prachtbau, der immer wieder Feinde auf den Plan rief, die ihn zerstören wollten.

Im 11. Jahrhundert wurde der Königshof in Kaiserswerth von Heinrich III. zur Kaiserpfalz ausgebaut. Für die folgenden 200 Jahre sind insgesamt 57 kaiserliche Besuche von ihm und seinen Nachfolgern beurkundet, was zeigt, dass kein deutscher oder römischer Kaiser an ihr so ohne Weiteres vorbeikam. Es war Anno von Köln, der Erzbischof, der hier vor der noch stehenden Westwand der Pfalz einen echten Blockbuster der Geschichte inszenierte. Im Jahr 1062 lockte er den zwölfjährigen Thronfolger Heinrich IV. auf seine bischöfliche Yacht, um ihn dem Einfluss seiner Mutter, der Kaiserwitwe Agnes von Poitou, zu entziehen. Der Sage nach raubte Anno nicht nur den Thronerben, sondern auch die Reichsinsignien, die in Kaiserswerth angeblich zu dieser Zeit aufbewahrt wurden. Kaiser Friedrich Barbarossa verlegte den kapitalkräftigen Rheinzoll im 12. Jahrhundert von Holland hierher, was zu allgemeinen Begehrlichkeiten und Belagerungen führte. Bereits 1215 wurde die Stadt durch den Grafen von Berg erobert, 33 Jahre später, nach einem Jahr voller Blut und Tränen, durch Wilhelm von Holland.

Ab 1181 war Kaiserswerth Reichsstadt, und bis zu ihrer endgültigen Eroberung im Spanischen Erbfolgekrieg 1702 war die Stadt auf der Rheininsel ein Lieblingsziel von Soldaten und Söldnern. Die Pfalz wurde noch im selben Jahr gesprengt, und von der einst imposanten Anlage mit mächtigen Wehrtürmen und einer vermuteten Höhe von 25 Metern blieb nur der Steinbruch. Die heutige Ruine zeigt die Mauerreste des sogenannten Palas, das eigentliche Wohn- und Wehrgebäude, sowie die Grundrisse des Bergfrieds und des Klevischen Turms.

Adresse Kaiserswerth, Burgallee | ÖPNV Bus 728, 749, 751, 760, Haltestelle Kaiserpfalz | Öffnungszeiten Karfreitag – 31. Okt. täglich 9 – 18 Uhr | Tipp Sehenswert und vor allem beneidenswert ist das südlich der Pfalz und der Galerie Burghof gelegene »Haus Freiheit« des expressionistischen Dichters Herbert Eulenberg.

44 Der Kaiserswerther Deich

Mit Gegenwind

Eigentlich heißt er Lohauser Deich, aber das sagt niemand, der aus der Stadt kommt. Gerade lang genug zieht er sich hin, etwa fünf Kilometer zwischen den Wasserwerken hinter der Merkur Spiel-Arena und dem Ausflugslokal »Alte Rheinfähre« in Kaiserswerth, um mit jedem Biergarten kompatibel zu sein: Selbst mit schweren Beinen wird man wieder nach Hause kommen.

Weit hinter dem Fluss rollt man an alten Pappeln vorbei, die den Wind brechen und ununterbrochen rauschen wie das Meer, das man sich hier, wenn die Wolken tief von Südwesten über den Niederrhein ziehen, gut vorstellen kann. Die Kühe auf den Feldern und unter den Hüteeichen sehen aus, als habe sie jemand extra für die Vorbeifahrenden arrangiert, wie auf einem Landschaftsbild des niederländischen Kuhmalers Paulus Potter.

Es scheint ein wenig bergab Richtung Kaiserswerth zu gehen, aber gleichgültig, in welche Richtung man fährt, immer hat man Gegenwind, der meistens nervt und für Durchhänger sorgt. Ehrgeizige Feierabendsportler fahren deshalb im Windschatten wie echte Profis, hart am Limit und knallrot und erschrecken andere Deichbewohner, die nur so vor sich hin strampeln und gedankenverloren ihrem Fahrradradio lauschen wollen, dem Wind oder den Kiebitzen, die über den Feldern ihre Kapriolen schlagen.

Das Land ist weit und manchmal fast idyllisch, eigenartig unberührt, wenn für einen Moment alle Erinnerungsstücke aus dem Bild verschwunden sind, die an Alltag und Hektik erinnern. Plötzlich nur Felder, Wind und ein Fluss ohne Schiffe.

Aber dann meldet sich auch schon die Stadt in ihrer unmittelbaren Nähe zurück: Flugzeuge befinden sich bedrohlich tief im Sinkflug, andere starten mit durchhängendem Heck und drehen sich gewagt in die nächste Kurve, direkt über den Köpfen der Inline-Skater und Radfahrer, die vermutlich in diesen Momenten daran denken, dass es hier, zumindest an Sommerabenden, auch sehr schön ist und man eigentlich überhaupt nicht mehr verreisen muss.

Adresse Lohauser Deich zwischen Herbert-Eulenberg-Weg in Kaiserswerth und Rotterdamer Straße | **ÖPNV** U 78, U 79, Bus 729, 756, 758, 834, 863, SB 51, Haltestelle Theodor-Heuss-Brücke oder/und U 79 Haltestelle Kittelbachstraße | **Öffnungszeiten** ganzjährig | **Tipp** Das Rheinufer, parallel zum Deich und hinter den Vorflutfeldern, ist hier ähnlich wie in der Urdenbacher Kämpe noch relativ naturbelassen und bei Romantikern besonders beliebt.

45 Der Karlrobert-Kreiten-Stolperstein

Gegen die Niedertracht

An verschiedenen Stellen im Düsseldorfer Stadtgebiet markieren sogenannte Stolpersteine auf den Gehwegen die letzten Wohnorte von Menschen, die von den Nationalsozialisten zwischen 1933 und 1945 deportiert und ermordet wurden. Über die meisten Opfer weiß man nichts oder nur sehr wenig. Im Fall von Karlrobert Kreiten ist das anders. Kreiten war ein in seiner Zeit schon bekannter Musiker, der von dem chilenischen Ausnahme-Pianisten Claudio Arrau ausgebildet und von Wilhelm Furtwängler, dem bedeutenden Dirigenten der Berliner Philharmoniker, gefördert worden war. Bereits mit 13 Jahren hatte er das Konservatorium besucht, mit 16 den »Großen Mendelssohn-Preis« gewonnen, und seine Konzerte waren für gewöhnlich ausverkauft.

Die Geschichte, die zu seiner Hinrichtung führte, ist ein Beispiel von geradezu unfassbarer Niedertracht, deren Opfer nicht nur Juden, Minderheiten und Andersdenkende, sondern auch Deutsche wurden, die unbedacht sagten, was sie fühlten und meinten. Kreiten hatte einer Bekannten seiner Mutter gegenüber, in deren Berliner Wohnung er sich auf ein Konzert vorbereitete, geäußert, dass er Hitler für einen Kranken und Wahnsinnigen halte und dass der Krieg für Deutschland nicht mehr zu gewinnen sei. Kreitens Äußerungen wurden an zwei überzeugte Nationalsozialistinnen weitergegeben, und die drei Frauen erstatteten gemeinsam Anzeige. Als die Reichsmusikkammer die Anzeige auch nach einem Monat noch nicht weitergeleitet hatte, wiederholten die drei Nazi-Frauen ihre Anzeige, diesmal direkt bei der Gestapo.

Kreiten wurde verhaftet, verhört und gefoltert und am 3. September vom Volksgerichtshof wegen »Feindbegünstigung« zum Tod verurteilt. In einer einzigen Nacht, vom 7. auf den 8. September 1943, wurden zusammen mit Karlrobert Kreiten 185 weitere Gefangene in Berlin-Plötzensee gehängt. Kreiten war, als er starb, 27 Jahre alt.

Adresse Rochusstraße 7 | ÖPNV Straßenbahn 701, 705, 706, 707, Bus 722, Haltestelle Marienhospital | Öffnungszeiten ganzjährig | Tipp Nicht weit von Kreitens Wohnung entfernt, gewissermaßen hinter den Häusern Richtung Düssel, befand sich in der Prinz-Georg-Straße 96 das Hauptquartier der Gestapo. Heute ist es ein schön renoviertes Wohnhaus. Eine Tafel erinnert an die Leiden der Menschen, die dort verhört wurden.

46 Die Kiefernstraße

Anarchie und Alltag

In den 1980er Jahren war eine Straßenseite bereits geräumt, ihre Fenster vermauert, und nur noch die waren hier, die nicht wussten, wo sie eigentlich hinsollten: überflüssig gewordene Arbeiter, Arbeitslose, Asylanten und frühe Flüchtlinge aus Afrika, Vereinsamte und Alte, die mehr oder weniger ratlos in den Fenstern lagen.

In diesen Auflösungsprozess hinein erklärte eine politisch motivierte Hausbesetzerszene die Kiefern zum attraktiven Zielgebiet. In einer geheimen Neujahrsaktion wurden 60 leer stehende Wohnungen besetzt. Sie wurden instand gesetzt und reanimiert. Mit dem Optimismus von Urkommunarden wurden antiimperialistische Träume gedacht und an alternativen Lebensentwürfen gebastelt. Eine heimatlose Punk Community, die abends im »Nix da« (heute AK-47) den Pogo tanzte, gab tagsüber den Kleinbürgerschreck für die Altmieter von gegenüber.

Mit 1.000 Mark in bar winkte eine gewiefte Stadtverwaltung denen zu, die bereit waren, endgültig die Koffer zu packen. Die kommunikativen Fehlstellen zwischen Besetzern und Stadtverwaltung führten in den folgenden Jahren zu brennenden Barrikaden, die sich auch gegen die etwa 800 Polizisten richteten, die letztlich halfen, den Mythos Kiefernstraße in die Köpfe eines manchmal erfreuten, aber meist erschrockenen Publikums zu bringen. Diese Hundertschaften der Polizei durchkämmten im Oktober 1986 die Wohnungen der Kiefern auf der Suche nach Waffen, Sprengstoff, Propaganda- und vor allem Beweismaterial. Tatsächlich waren Bewohner der Kiefern mit der Kommandoebene der Roten Armee Fraktion verhaftet worden. »Die Blutspur des deutschen Terrorismus führt direkt in die Kiefernstraße«, wusste ein etwas vorlauter Politiker zu sagen, der eigentlich überhaupt nichts wusste.

Dass schließlich die Kiefern als politisch-soziales Biotop belassen wurde, besiegelte einen Hausfrieden, der erst jetzt wieder durch neue Aufkäufer gefährdet wird, die zwischen Brachflächen und Altbauten nach profitablen Einstiegsmöglichkeiten suchen.

Adresse Kiefernstraße | ÖPNV Straßenbahn 706, Bus 736, 805, Haltestelle Fichtenstraße | Öffnungszeiten ganzjährig | Tipp Das »Kulturbureau K 4«, Kiefernstraße 4, informiert über das, was auf und um die Straße gerade abgeht.

47 Die Killepitschstube

Hautnah & mittendrin

Irgendwie ist hier vieles anders. Es gibt kein Bier, im Sitzen zahlt man mehr als an der Theke im Stehen, und oben in der Höhe dieses kleinen Raums befindet sich eine von manchen Stammgästen bevorzugte Empore mit winzigen Tischen, die wie eine Theaterloge in wunderbar dicker Luft einen schönen Ausblick auf die da unten an der Bar ermöglicht, die meistens eng stehen und sich an die eigenen Worte und Gläser klammern.

Man kommt überhaupt links und rechts schnell ins Gespräch. Ein idealer Ort zum Vorglühen und Aufwärmen, auch wenn hier gern der letzte und auch der allerletzte Absacker getrunken wird. Wein und Schnaps sind die zuverlässigen Beschleuniger, die einen gewissermaßen aus dem Stand in die kommunikative Umlaufbahn befördern. Besonders oft wird der hauseigene Kräuterlikör Killepitsch genommen, ein unverwechselbares uraltstädtisches Kultgetränk mit wachsender Fangemeinde, nach dem die Probierstube benannt ist. In den bunten Regalen stehen außerdem noch etwa 100 andere knallharte Ein- oder Aussteiger, von denen einige aus den Archiven sentimentaler Trinkgelage zu stammen scheinen: Verpoorten Eierlikör, Kosakenkaffee, Küstennebel und Klarer mit Speck. Mit diesen und anderen Klassikern verbinden die meisten Gäste durchweg schöne und manchmal lang zurückliegende Erinnerungen.

Angeboten wird außerdem eine ganze Reihe guter offener Weine, deren Qualität ausnahmslos über den lausigen Kopfspaltern liegt, die in anderen Altstadtkneipen als Angriffswaffe Verwendung finden. Und deshalb gibt es im »Killepitsch« viele Besucher, die sich auskennen und die Weine beriechen und beschnüffeln, von hinten nach vorne kauen, bevor sie den ersten Schluck nehmen. Das wird immer nachhaltig mit Lebenseinsichten und Weisheiten verbunden, die einen größtmöglichen Konsens vor dem Tresen erzeugen, den die Thekenfrauen, die große Seelen und noch viel größere Herzen haben, immer freundlich bestätigen.

Adresse Flinger Straße 1, Tel. 0211/133269, www.killepitsch.de | ÖPNV U 70, U 71, U 72, U 73, U 74, U 75, U 76, U 77, U 78, U 79, U 83, Bus 780, 782, 785, 805, 817, SB 50, Haltestelle Heinrich-Heine-Allee | Öffnungszeiten Mo–Sa 11–24 Uhr, So 14–22 Uhr | Tipp Das »Killepitsch« liegt mitten in der Altstadt, also heftig umgeben von trinkfesten Sehenswürdigkeiten.

48 Der Kilometerstein

Auf anderen Wegen

Es gibt keinen Weg, der flussauf- und flussabwärts verläuft, am Ufer entlang Richtung Norden und Süden. Das irritiert. Auf den ersten Blick ergibt er keinen Sinn. Denn neben den Weiden, gewissermaßen mitten im Feld, steht ein alter Kilometerstein an einem schmalen, selten benutzen Feldweg, der vom Himmelgeister Wirtschaftsweg durch den Rheinbogen in einem rechten Winkel direkt an ein paar Weidezäunen entlang auf das Rheinufer zuläuft und dort an einem Strand aus Kies vor dem Fluss endet.

Der Stein nennt die exakte Entfernung zwischen Rotterdam und Basel: 560.000 Kilometer bis Basel, 264.450 Kilometer bis Rotterdam. In den Stein gemeißelte Pfeile zeigen die Richtung.

Der Stein in Himmelgeist ist einer von noch etwa 70 erhaltenen Myriametersteinen, die in der Mitte des 19. Jahrhunderts längs des Rheins zwischen Basel und Rotterdam aufgestellt wurden. Alle 10.000 Meter (Myriameter) stand so ein Stein. Auf der Wasserseite zeigt er die Höhe über dem Amsterdamer Pegel an, also die Höhe über dem Meeresspiegel, auf der Landseite die Entfernung zwischen der Rheinbrücke in Basel und dem Hafen von Rotterdam, Tal- und Bergseite benennen die Entfernungen zu den jeweiligen Landesgrenzen der Herzogtümer, durch die der Rhein floss. Vor diesem Stein werden, als er noch hilfreich und sinnvoll war, Kutschen gehalten, Reiter sich hinabgebeugt und Reisende, die zu Fuß unterwegs waren, gestanden haben. Was hatte man geschafft, und was lag noch vor einem? Man kann sich auf den Stein setzen, was sehr praktisch ist. Er hat ein menschliches Maß, gut einen Meter hoch. Und hier, unter vielen Pappeln und den irritierend konstanten Blicken von Kühen, im niederrheinischen Wind, mit dem Strom und den Kopfweiden vor Augen, kann man darüber nachdenken, welchen Sinn und Zweck Wege überhaupt haben und welche man selbst schon gegangen ist.

Der nächste rechtsrheinische Stein steht zehn Kilometer flussabwärts in Wittlar, in der Nähe der alten Treidelstation.

Adresse Himmelgeister Rheinbogen | ÖPNV Bus 835, Haltestelle Alt-Himmelgeist | Öffnungszeiten ganzjährig | Tipp Flussabwärts befinden sich die im Sommer sehr beliebten Himmelgeister Strände.

49_Das KIT

Extravaganter Einstieg

Es war immer erstaunlich, dass in einer Stadt, die sich seit mehr als einem Jahrhundert sehr selbstbewusst als Kunststadt begreift, für die Absolventen der Kunstakademie, also für die hausgemachte Zukunft, so demonstrativ wenig getan wurde. Für gewöhnlich beschränkte man sich auf die Beschaffung leer stehender Industrieetagen, die als Ateliers umdeklariert wurden, oder man vergab magere Förderpreise.

Der öffentliche Einstieg der Schüler und Meisterschüler der Akademie in einen wild durchwachsenen Kunstbetrieb lief zumindest von städtischer Seite aus über kleine bescheidene Kunsträume, die in ehemaligen Milchläden oder Bäckereien installiert wurden und bestenfalls den Charme des amateurhaft Bemühten hatten. Mit dem KIT (Kunst im Tunnel) wurde 2006 zumindest eine erste repräsentative Location geschaffen – in einem Tunnelraum unter der Rheinuferpromenade –, die als Dependance der Kunsthalle zum hochoffiziellen Kulturbetrieb der Stadt gehört und entsprechend in einen goldenen Rahmen gefasst wurde.

Auf 850 Quadratmetern werden Ausstellungen von Galeristen, Sammlern, den Künstlern selbst oder diversen Kunstvereinen kuratiert, die sich hauptsächlich mit den sehr aktuellen Arbeiten aus den Ateliers der Kunstakademie und ihrer Absolventen auseinandersetzen. Es werden aber auch lokale Aktivitäten, wie zum Beispiel die der Düsseldorfer Eigeninitiative »Konsortium«, in einen größeren Bezugsrahmen gesetzt oder internationale Beziehungen erläutert wie bei der Ausstellung der amerikanischen Experimentalband Sonic Youth, deren inspirierendes Kreativ-Netzwerk unter anderem so unterschiedliche KünstlerInnen integriert wie Isa Genzken, John Cage und Sofia Coppola.

Ein hauseigenes Magazin erscheint zu den Ausstellungen und erläutert, was die Macher, Künstler, Poeten, Kuratoren und Kritiker alles im Sinn haben, wenn sie über die Zukunft der aktuellen Kunstszene und ihre Protagonisten reflektieren.

Adresse Mannesmannufer 1b, Tel. 0211/52099597, www.kunst-im-tunnel.de | ÖPNV Bus 726, Haltestelle Mannesmannufer | Öffnungszeiten Di–So 11–18 Uhr, Mo geschlossen | Tipp Flussaufwärts hinter der Kniebrücke im alten Hafen befinden sich die Ausstellungsräume der »Kai 10 / Arthena Foundation«, Kaistraße 10.

50_Die Kölner Straße

Düsseldorfs andere »Kö«

Sie ist der vermutlich längste Widerspruch zu allen hochglanzpolierten Düsseldorfklischees. Zwischen Wehrhahn und Kölner Landstraße misst sie 2,6 Kilometer und fast 400 Hausnummern. Sie ist weder schick noch elegant, nicht reich und auch nicht schön, sie spricht viele Sprachen und nur noch selten Dialekt, und ihre durchaus beeindruckende Internationalität definiert sich nicht über kurzfristige Messebesucher, Global Player und schnell getaktete Shopping-Touristen, sondern über die vielen Migranten, Zuwanderer, Gastarbeiter, Flüchtlinge und Asylanten, die in ihrer Nähe wohnen.

Die Kölner Straße ist grau oder grell, ihr urbanes Make-up vergreift sich gern in der Farbe, immer etwas nachlässig aufgetragen, aber doch mit dem Selbstbewusstsein einer unschlagbaren Vitalität, die weiß, dass ihr die Zukunft gehören wird.

An ihrem Anfang, vom Wehrhahn aus gesehen, gibt es einige indische und afrikanische Geschäfte, Imbisse und Restaurants, aber hier ist die vierspurige Straße mit doppelten Straßenbahnschienen in ihrer Mitte zu breit, um das Leben tatsächlich zu verdichten. Erst an ihrem Ende, hinter dem Oberbilker Markt, geht sie mit sich selbst auf Tuchfühlung. In den mit Selbstklebebuchstaben dekorierten Schaufenstern werden sensationell billige Artikel angeboten, darunter auffällig viele Koffer und Taschen für die, die noch nicht angekommen sind. Zu den hier gehandelten Ein-Euro-Jobs gibt es passend auch die Ein-Euro-Shops, und wie auf ihrer glitzernden Parallele, der weltberühmten Kö, gibt es Flagship-Stores großer Ketten.

Nur mittendrin, zwischen Worringer Platz und Oberbilker Markt, scheint das Leben sie vergessen zu haben, ein totes Stück, wie ein Atemstillstand zwischen diesen historischen Plätzen, an denen früher die versammelte Arbeiterklasse mit geballten Fäusten und manchmal auf Barrikaden ihre Rechte forderte. Bis zur Machtergreifung der Nationalsozialisten im Januar 1933 war sie die Hauptstraße des »roten« Düsseldorf. Im Haus Nr. 44, das heute nicht mehr existiert, befand sich die Zentrale der Kommunistischen Partei.

Adresse Kölner Straße | ÖPNV U 74, U 77, U 79, Straßenbahn 706, Bus 732, 736, 805, 817, NE 6, Haltestelle Oberbilker Markt | Öffnungszeiten ganzjährig | Tipp Am Oberbilker Markt gibt es eine Dependance des Altstädter Kult-Brauhauses »Uerige« mit guter und noch sehr traditionell bürgerlich geprägter Küche.

51 Das »Kreuzherren-Eck«

Für immer und ewig

Früher roch es hier angenehm nach Bier und Nikotin. Als Kneipen noch hedonistische Orte waren, in denen man immer seinen Leidenschaften, aber nie der Vernunft folgte, die Nächte zum Tag und die Deckel rund machte, war das Kreuzherreneck einer der großen mythischen Orte in der Düsseldorfer Altstadt. Die Schnäpse sind noch immer legendär, und manche »Hausrezepte« fordern mehr Mut zum Runterkippen, als ein Einzelner für gewöhnlich aufbringen kann.

Der museale Grundton im Kreuzherreneck, das bei seinen forciert ergrauten oder mittlerweile kahlköpfigen Stammgästen nach wie vor »Bobby« heißt (benannt nach einem früheren Wirt), ist nicht Nostalgie, sondern eher die Einsicht, dass jede Veränderung absurd und launenhaft, aber nicht wirklich substanziell wäre. Es macht wenig Sinn, sich mit der Welt zu drehen.

Gefühlte 25 Quadratmeter haben allen modischen Stürmen widerstanden, die in den vergangenen sechs Jahrzehnten, die es den »Schnapsausschank Kreuzherreneck« gibt, durch die Altstadt tobten – das macht abgeklärt und selbstsicher, und was draußen auf der Altstadt oder gegenüber in der Liefergasse passiert, interessiert nicht wirklich.

In seinen besten und vielleicht prominentesten Zeiten, Anfang der 70er, spielten an den Wochenenden Jazzcombos, und der Liedermacher Reinhard Mey gab auf dem Fasslift sein erstes und einziges Thekenkonzert. Auch heute noch kommen manchmal uralte Freunde mit ihren Banjos und Dudelsäcken vorbei, die schon vor einem Leben für Freibier und frenetischen Applaus spielten.

Über das »Bobby« ist ein prächtiger Bildband erschienen, in dem die Kneipe und ihre Gäste gefeiert werden, die unbekannten und auch sehr bekannten, und in dem sie sich ganz ungeniert mit den legendären Künstlerkneipen in Paris und Wien vergleicht. Mit diesem Buch ist das Kreuzherreneck vielleicht die einzige Düsseldorfer Kneipe, die auch am Ende aller Kneipenherrlichkeit zumindest in den Bibliotheken weiterleben wird.

Adresse Alte Stadt 14, Tel. 0211/131511, www.kreuzherrenecke.info | ÖPNV U 70, U 74, U 75, U 76, U 77, Bus 805, SB 50, Haltestelle Tonhalle/Ehrenhof | Öffnungszeiten Di–Do 16–1 Uhr, Fr und Sa 16–open end, So 16–1 Uhr, Mo geschlossen | Tipp Die spätgotische Kreuzherrenkirche stammt aus der Mitte des 15. Jahrhunderts. An ihrer Südseite stand, damals noch vor dem Stadttor, eine kleine Wallfahrtskapelle, in der das Gnadenbild der Muttergottes verehrt wurde. Die Figur befindet sich heute in der Lambertuskirche.

52 Die Kreuzstation am Lindenplatz

Vergeben, aber doch vergessen

Den eigentlichen Anlass kennt niemand mehr, aber natürlich muss irgendetwas passiert sein. Und wie in anderen Fällen auch, wird es vermutlich ein Gelöbnis gewesen sein, eine Danksagung oder eine Erleuchtung, die immer am Anfang der Geschichten steht, wenn aus einem Saulus ein Paulus oder aus einem Ungläubigen ein Gläubiger und aus einem Gläubigen ein noch stärker Glaubender wird.

Es soll, so wird nur noch vage erzählt, jemand in einem Unwetter gerettet worden sein: Fast vom Blitz erschlagen, habe der von allen Ängsten Heimgesuchte geschworen, ein Kreuz zu errichten, wenn ihm das Leben von oben noch einmal geschenkt würde. Es sei, wird auch erzählt, von jemandem erbaut und aufgestellt worden, der sich nachts verloren und verlaufen habe, in einer Zeit, als dieses Gebiet noch unbewohnt und außerhalb der Stadt lag, irgendwo in den sumpfigen Auenwäldern vor den Höhen des Grafenberger Waldes.

Ein altes Kreuz soll es hier schon immer, lange vor dem jetzigen, gegeben haben, und immer sei es ein Zeichen der Gnade und des Schutzes gewesen, an dem die Pilger, die nach Gerresheim zur Blutkapelle unterwegs waren oder in umgekehrter Richtung zur hölzernen Jungfrau Maria mit dem Kind, dem damaligen und über Jahrhunderte verehrten Gnadenbild vor der Kreuzherrenkirche in der Altstadt, in die Knie gingen und beteten.

Gläubige sieht man heute selten, niemand kniet nieder, und kaum jemand, der die Stelle mit dem goldenen Heiland und den in Stein geschlagenen Bibelzitaten passiert, bekreuzigt sich. Manchmal bleiben Passanten stehen, die nach Hinweisen suchen, was das alles zu bedeuten habe.

Die brennenden Lichter im Efeu sehen geheimnisvoll aus, und da das Kreuz direkt an der Hauswand in einer Nische hinter Gittern montiert ist, scheint auch das Haus mit seinen Bewohnern geheimnisvoll und erhaben zu sein.

Adresse Lindenplatz | ÖPNV Straßenbahn 706, Bus 834, Haltestelle Lindenstraße | Öffnungszeiten ganzjährig | Tipp Einem anderen tiefen und unerschütterlichen Glauben begegnet man in den urgemütlichen Eckkneipen des alten Flingern: Eines Tages wird auch Fortuna wieder Deutscher Meister!

53 Die Kunstakademie

Und immer wieder Hausverbot!

Die Düsseldorfer Kunstakademie ging als kurfürstliche Gründung 1773 aus der privaten Zeichenschule des Malers Lambert Krahe hervor. Seit ihrer königlich-preußischen Neugründung 1819 gewann sie schnell an nationaler Bedeutung und wurde zeitweilig die führende Akademie im preußischen Königreich. Dabei spielte auch das besondere Verhältnis von Lehrern und Schülern eine tragende Rolle: Als Peter Cornelius, Gründungsdirektor und früher Malerstar, nach nur fünf Jahren Düsseldorf verließ, um in München eine Akademie aufzubauen, nahm er seine besten Schüler mit. Sein Nachfolger Wilhelm von Schadow schuf mit seinen wiederum aus Berlin mitgebrachten Schülern die in ihrer Zeit stilbestimmende Düsseldorfer Malerschule, deren bedeutendste Werke heute in internationalen Museen zu sehen sind.

Im 20. Jahrhundert unterrichtete hier unter anderem Paul Klee bis zu seiner Entlassung 1933, ebenso Ewald Mataré, der Lehrer von Joseph Beuys. Mataré selbst verhinderte übrigens zeitweise, dass Beuys Professor an der Akademie werden konnte. Als er es 1956 endlich wurde, wusste Beuys, was er sich und der Avantgarde des 20. Jahrhunderts schuldig war, und veranstaltete als verehrter und verachteter Kunst-Schamane mythomanische Happenings. Die akademische Professur gab er, trotz Hausverbots durch den damaligen Kultusminister und späteren Bundespräsidenten Johannes Rau, dennoch nicht auf. Das Medienspektakel um Professor Beuys, Anfang der 70er von ihm und seinen Schülern inszeniert, setzte die Düsseldorfer Akademie wieder in den wirkungsvollen Mittelpunkt eines heftigen Kunstinteresses. Jörg Immendorff, einer seiner Lieblingsschüler, erhielt wie Beuys mehrfach Hausverbot (unter anderem weil er im Gebäude seine eigene LIDL-Akademie gegründet hatte), wurde dann aber als gesamtdeutscher Maler zum Professor berufen. Markus Lüpertz, der ehemalige Direktor und letzte Malerfürst, der auch in seinem Äußeren gern an die barocken Anfänge der Malerschule erinnerte, berief echte Kunststars als Lehrer an die Akademie.

Adresse Eiskellerstraße 1, Tel. 0211/13960, www.kunstakademie-duesseldorf.de | ÖPNV U 70, U 74, U 75, U 76, U 77, Bus 805, SB 50, Haltestelle Tonhalle / Ehrenhof | Öffnungszeiten Mo–Sa nach Absprache, während des jährlichen Rundgangs Anfang Feb. Mi–Fr 9–20 Uhr, Sa, So 10–18 Uhr | Tipp Die nahe Reuterkaserne wird heute von der Akademie genutzt, war aber ursprünglich eine Kaserne für die in Düsseldorf stationierten Kavalleristen.

54 Die Kunsthalle

Glorreiche Zeiten

Es wird gern darauf verwiesen, dass die Düsseldorfer Kunsthalle über keine eigene Sammlung verfügt, und so, gewissermaßen unbeschwert und frei, agieren kann. Allerdings verfügt die Kunsthalle auch über keinen nennenswerten eigenen Etat, was es ihr fast unmöglich macht, unbeschwert und frei zu handeln.

In der ersten Dekade ihrer Existenz (eröffnet wurde sie 1967) bestimmten ihre teils provokanten Ausstellungsaktivitäten das intellektuelle Klima in Düsseldorf ganz entscheidend mit, ähnlich wie die Ereignisse in der Kunstakademie um Beuys und Immendorff oder die freien Inszenierungen im Schauspielhaus, die ein verschlafenes Abonnentenpublikum empört von den Sitzen riss.

Die Liste der damals noch fast unbekannten Künstler, die in der Kunsthalle gegen allgemeine öffentliche Sichtweisen gezeigt wurden, liest sich heute fabulös. Gezeigt wurden unter anderem Marcel Broodthaers, Robert Filliou, On Kawara, Dieter Roth, Daniel Spoerri, Claes Oldenburg, Edward Kienholz, Bridget Riley, Jim Dine, Francis Bacon, Panamarenko, Sigmar Polke, Yves Klein, Gerhard Richter, Anselm Kiefer, James Lee Byars, Julian Schnabel und Donald Judd. Sie alle warfen – und rückblickend von einer eher mageren Gegenwart aus besonders beeindruckend – ein wunderbares Licht auf die Stadt, die sich Ende der 60er, Anfang der 70er Jahre mit den größten Kunstmetropolen vergleichen durfte.

Die heutigen Mitarbeiter bemühen sich, aus wenig viel zu machen. Ihre lokale Rückbesinnung auf Düsseldorfs große Zeiten (zum Beispiel in der Retrospektive der legendären »between«-Ausstellungen) oder die kleinen Punk-&-New-Wave-Nostalgien, die sich um das Epizentrum des alten »Ratinger Hofs« drehten (in der Ausstellung »Zurück zum Beton«), zeigen aber auch, dass es der Kunsthalle nicht mehr möglich ist, die gegenwärtig großen Künstler, die in Düsseldorf leben oder arbeiten, für Ausstellungen zu gewinnen.

Im Kunsthallen-Kubus befindet sich auch der »Kunstverein für die Rheinlande und Westfalen«, Deutschlands ältester Kunstverein.

Adresse Grabbeplatz 4, Tel. 0211/8996243, www.kunsthalle-duesseldorf.de | ÖPNV U 70, U 71, U 72, U 73, U 74, U 75, U 76, U 77, U 78, U 79, U 83, Bus 780, 782, 785, 805,817, SB 50, Haltestelle Heinrich-Heine-Allee | Öffnungszeiten Di–So 11–18 Uhr, Mo geschlossen | Tipp Hinter der Kunsthalle befindet sich das von Alfred Schmela erbaute Galerien-Haus (Mutter-Ey-Straße 5), in dem auch Konrad Fischer zeitweilig einen Ausstellungsraum hatte.

55 Das Langsdorff-Grab

Ein Mann der Ehre

Das Grab der Familie Langsdorff ist bescheiden und im Laufe der Jahre etwas verblasst. Man muss genau hinsehen, um zu erkennen, dass dort seitlich auch eine Grabplatte steht, die an ihren Hans Langsdorff und seinen Sohn Joachim erinnert. Hans Langsdorff (1894–1939) war Kapitän des deutschen Panzerschiffes »Admiral Graf Spee«, das von den Engländern »the beast«, die Bestie, genannt wurde. Der Zerstörer hatte zu Beginn des Krieges 1939 mehrere englische Handelsschiffe im Südatlantik versenkt und war schließlich, gejagt von britischen Schiffen, vor der uruguayischen Küste gestellt worden. In einer Seeschlacht vor dem Río de la Plata wurde die »Spee« schwer getroffen, aber es gelang Langsdorff, das Schiff in den neutralen Hafen von Montevideo zu manövrieren. Den allgemeinen Kriegskonventionen entsprechend blieben Langsdorff nur 24 Stunden, um das beschädigte Schiff zu reparieren. Dann musste er zurück in die internationalen Gewässer. Dort warteten drei gefechtsbereite englische Zerstörer. Hitler hatte ausdrücklich befohlen, dass die »Admiral Graf Spee« sich dieser Schlacht stellen, die »Ehre der deutschen Marine« retten und den Briten den größtmöglichen Schaden zufügen sollte. Das hätte den Tod der 1.200 deutschen Matrosen und vermutlich auch den vieler Briten bedeutet. Langsdorff widersetzte sich. In einer Nacht-und-Nebel-Aktion ließ er in privaten Booten seine Besatzung nach Buenos Aires evakuieren und befahl die Selbstzerstörung seines Schiffes im Río de la Plata. Dieses ungeheure Spektakel wurde von mindestens 100.000 Schaulustigen vom Ufer aus beobachtet.

Da er sich Hitlers Befehl widersetzt hatte, zog Langsdorff die einzige für ihn mögliche Konsequenz und erschoss sich. In einem Staatsbegräbnis wurde er in Buenos Aires mit allen militärischen und internationalen Ehren beigesetzt.

Langsdorff war der einzige Kapitän des Zweiten Weltkrieges, der Handelsschiffe, bevor er sie versenkte, evakuieren ließ und so keinen Zivilisten tötete. Die »Schlacht am Río de la Plata« wurde 1956 mit Peter Finch als Hans Langsdorff (deutsch: »Panzerschiff Graf Spee«) verfilmt.

Adresse Nordfriedhof, Grabfeld 9 | ÖPNV Bus 721, 722, 729, 756, 758, 834, 863, M 2, SB 51, Haltestelle Nordfriedhof | Öffnungszeiten ganzjährig | Tipp Auf dem Nordfriedhof befindet sich das zentrale Ehrenmal der Landeshauptstadt, das an mehr als 5.000 Kriegstote des Ersten und Zweiten Weltkrieges erinnert.

56 Der Lantz'sche Park

Die Toten hinter der Wiese

Vielleicht weil er direkt unter der Einflugschneise des Düsseldorfer Flughafens liegt, erinnert er in seiner beständigen und fast menschenleeren Unruhe ein bisschen an den Park in Michelangelo Antonionis filmischem Meisterwerk »Blow up« von 1967: Man kann sich gut vorstellen, wie in seinen windgeschüttelten Büschen die Leiche und die Indizien eines Verbrechens verschwinden, von dem man nicht genau weiß, ob es wirklich stattgefunden hat oder ob es die Vergrößerung der eigenen gewalttätigen Phantasie ist.

Park und Villa waren einst im Besitz der Unternehmerfamilie Lantz, deren letzte Angehörige in einer heute verschlossenen neugotischen Grabkapelle am Rand des Parks hinter der großen Wiese bestattet wurden. Angelegt wurde der englische Privatpark 1858 von Joseph Clemens Weyhe und 1880 erweitert durch Julius Bouché.

Nach verschiedenen Nutzungen, Leerständen und Ratlosigkeiten zog 1975 der Avantgarde-Galerist Alfred Schmela mit der Vorstellung hierher, aus der etwa 17 Hektar großen Parkanlage einen international bedeutsamen Skulpturengarten zu machen. Eröffnet wurde Schmelas Freilichtmuseum im Oktober 1975 mit der Aktion »Wasser im Park« des Concept-Künstlers Klaus Rinke, der auch die Uhren-Skulptur am Volksgarten schuf. Wie Rinkes Wasser sind auch die meisten Skulpturen im Bewusstsein versickert, und von den Plastiken, die Schmela im Lantz'schen Park aufstellen ließ, sind nur noch wenige erhalten, unter anderem Arbeiten von Erwin Heerich, Michael Gitlin, Kenneth Capps und die Nachbildung einer dramatischen, ehemals florentinischen Skulptur in Bronze, die in ihrer archaischen Gewalttätigkeit Antonioni und seinen Hauptdarsteller David Hemmings sicher erschreckt hätte: »Perseus enthauptet Medusa«.

Andere Arbeiten wie die berühmte Pop-Plastik »Tube, auf ihren Inhalt gestützt« von Claes Oldenburg wurden später zu ihrer eigenen Sicherheit verkauft, da für deren graffitilose Unversehrtheit in den Zeiten allgegenwärtiger Sprühdosen nicht mehr garantiert werden konnte.

Adresse Lohauser Dorfstraße | ÖPNV Bus 760, Haltestelle Lohausen Kirche | Öffnungszeiten ganzjährig | Tipp Ganz in der Nähe liegt der gerade auf den neuesten Stand gebrachte Düsseldorfer Flughafen.

57 Die Lassalle-Gedächtnisstätte

Der Einzige, vor dem sie Angst hatten

Gemessen an seiner Bedeutung hätte Ferdinand Lassalle eine größere Gedächtnisstätte verdient. Der 1825 in Breslau geborene Jurist war einer der Begründer der SPD, die sich in ihren frühesten Anfängen noch »Allgemeiner Deutscher Arbeiterverein« nannte. Landesweit bekannt wurde Lassalle, der in Erbstreitigkeiten auch Heinrich Heine vertreten hatte, als Rechtsanwalt von Sophie Gräfin Hatzfeldt, die in einem atemberaubenden Scheidungs-Thriller nicht nur ihre eigenen Rechte durchzusetzen versuchte, sondern auch den Frauen ihrer Zeit kompromisslose Wege aus dem Ehekerker wies.

Dass der Prozess Hatzfeldt gegen Hatzfeldt über alle Standesgrenzen hinweg von medialem Interesse war, lag auch an der vermutlich richtigen, allerdings nie bewiesenen Unterstellung, dass der um 20 Jahre jüngere Lassalle ein Verhältnis mit seiner ungewöhnlich attraktiven Mandantin hatte. Gemeinsam wohnten sie im Stadthaus der Gräfin, in der Friedrichstraße 53. Lassalle, der den Prozess und die Affäre mit der schönen Gräfin überlebt hatte, starb 1864 mit nur 39 Jahren bei einem von ihm provozierten Pistolenduell.

Das klassizistische Gartenhaus im Park von Schloss Kalkum, dem ehemaligen Wohnsitz seiner Mandantin und ihres ehelichen Gegners, erinnert mit weit geöffneten Fensterläden an diese bis zur letzten Konsequenz kämpferische Natur. Betreten kann man es nicht, nur hineinsehen, und in seiner komfortablen Größe könnte es ein bürgerlicher Mausoleumspavillon sein, gerade groß genug für einen bedeutsamen Toten und seine gelegentlichen Besucher. Lassalles bronzener Kopf sieht hinaus in den von Maximilian Weyhe angelegten Park, der das Wasserschloss von Kalkum umgibt, ein schöner und beschaulicher Ort mit alten Bäumen und Seerosen, der nichts mehr von den wilden Düsseldorfer Zeiten ahnen lässt, die Lassalle (»der einzige Kerl in Deutschland, vor dem die Fabrikanten Angst hatten«, Friedrich Engels in einem Nachruf) hier inszenierte.

Adresse Schloss Kalkum, Kalkumer Schlossallee / Oberdorfstraße, Gartenhaus im Schlosspark | ÖPNV Bus 728, 749, 751, 760, Haltestelle Schloss Kalkum | Öffnungszeiten Schlosspark ganzjährig, Gedächtnisstätte nur von außen einzusehen | Tipp Das Schloss Kalkum liegt im Park hinter den Wassergräben. Zu besichtigen ist es nur an den Tagen des offenen Denkmals.

58 Die Libanon-Zedern

Zum Himmel hoch

Gott selbst soll die etwa 400 Zedern gepflanzt haben, auf dem Berg Makmel im Libanon, und zumindest zwei von ihnen sind mehr als 3.000 Jahre alt. Die beiden Bäume in Himmelgeist pflanzte Prosper Ludwig von Arenberg (1785–1861), der damalige Besitzer von Schloss Mickeln. Von Arenberg sollte belgischer König werden. Immerhin war er Fürst von Recklinghausen, was sich heute ein bisschen schräg anhört, aber über seine erste Frau Stéphanie, eine Cousine der Kaiserin Joséphine, war er direkt mit Napoléon Bonaparte verbunden. Für ihn zog er mit einem eigenen Kavallerie-Regiment ins Feld, wurde vom Pferd geschossen und vom Herzog von Wellington, dem späteren Sieger in der Schlacht von Waterloo, gefangen genommen.

Zedern sind ein Symbol für Macht und Reichtum, und wer früher wohlhabend war und reiste, brachte nicht nur kleine Souvenirs, sondern unter Umständen auch Bäume mit. Als man sich im 19. Jahrhundert für fremde Kulturen begeisterte, je nach Mode Chinoiserien sammelte oder sich privat türkisch kleidete, orientalisch rauchte und französisch aß, waren die fremden Bäume ein bewundertes Prestigeobjekt.

Dass die Zedern in Himmelgeist eine Zeit lang eher weniger Beachtung fanden, lag an der alten Himmelgeister Kastanie. Die war ungefähr genauso alt wie die Zedern. Sie stand mitten im Feld, einige hundert Meter entfernt, ein bildhübscher Baum, der in die Liste der Düsseldorfer Naturdenkmäler eingetragen war. Das Besondere der Rosskastanie: Sie konnte Briefe empfangen! Natürlich antwortete der Baum auch, und deshalb wurde die Kastanie mit einer Eiche im 500 Kilometer entfernten Eutin verheiratet, die das auch kann.

Im Sommer 2015 starb sie schließlich. Sie wurde, wie das so ist im Leben, durch einen kleinen jungen Baum ersetzt. Auch der empfängt Briefe und beantwortet sie angeblich auch. Dabei weiß natürlich jeder, dass so junge Bäume das gar nicht können!

Adresse Kölner Weg | ÖPNV Bus 835, Haltestelle Alt-Himmelgeist | Öffnungszeiten ganzjährig | Tipp Die Kirche St. Nikolaus, Nikolausstraße 22, zählt zu den ältesten in Düsseldorf und stammt aus dem 11. Jahrhundert.

59 Die Lorettostraße

Wo Bilk am schönsten ist

Benannt ist sie nach dem italienischen Wallfahrtsort Loreto, in dem sich das Geburtshaus der Muttergottes befindet. Auf wundersame Weise, von Engeln getragen, kam es von Nazareth erst nach Kroatien und dann nach Mittelitalien in einen Lorbeerhain (daher der Name Loreto), und die Geschichte dieser Reise begeisterte die Europäer so sehr, dass überall in Europa Nachbildungen dieses fliegenden Geburtskapellenhauses gebaut wurden. Auch am Ende der Lorettostraße stand eines, gestiftet im 17. Jahrhundert von der Kurfürstin Anna Maria, und die Kapelle, das Heilige Haus, wurde umgehend einer der Hauptwallfahrtsorte im Rheinland. Es wäre zweifellos übertrieben zu sagen, dass heute noch jemand zur Lorettostraße pilgert, aber unter den Repräsentanten der digitalen Boheme ist sie eines der beliebtesten urbanen Zielgebiete. Man kann hier ganz entspannt in den Cafés und Restaurants auf Bekannte, auf Neuigkeiten und auf neue Ideen warten: was immerhin ein wesentliches und zudem ganz klassisches Merkmal zumindest der bohemischen Mittelschicht ist.

Die Straße ist polyglott. Es gibt mediterrane Restaurants (»Menta« und »Imerio«), ein Französisch inspiriertes Feinkostgeschäft, in dem man auch frühstücken und zu Mittag essen kann (»Bernstein und Inbar«), einen deutschen, gut sortierten Weinladen (»Bilker Weinhaus«) und »Rob's Kitchen« wird wegen seiner guten internationalen Küche in vielen Restaurantführern erwähnt. Neuerdings hat das seit Jahren in der Düsseldorfer Spitze kochende »Em brass« (das zum kulinarischen Aufstieg der Moltkestraße beitrug) eine größere und schöne, italienisch ausgerichtete Dependance in der Lorettostraße eröffnet.

Und es gibt in der Lorettostraße das Geschäftsatelier von Uwe van Afferden, der seine nonkonformistischen Ideen für Mode und Interieur auch in seinem Zeitmagazin »The Heritage Post« publiziert.

Das Schöne dieser Straße ist nicht zuletzt ihre Fortsetzung. An der Neusser Straße, vor der Bilker Kirche, bemühen sich unbestrittene Stadtteilgrößen wie das Café »Seifen Horst« und das Kneipenrestaurant »Frida« darum, den Menschen, die hier ihre Zeit verbringen.

Adresse Lorettostraße | ÖPNV Straßenbahn 706, 707, 709, Bus 723, 726, 732, NE 8, Haltestelle Bilker Kirche | Öffnungszeiten ganzjährig | Tipp Einen kleinen, aber sehr gut sortierten Bauernmarkt gibt es dienstags und freitags am nahen Friedensplätzchen.

60_Der Löricker Strand

Flugzeuge über dem Bauch

Sand, Wasser, Sonne, Bäume und irgendwo ein paar Halbnackte: So einfach kann das Paradies sein! Zumindest die sehr alltägliche und freizeitbedingte Vorstellung davon. Die Löricker Buchten haben alles, was man braucht und sehen möchte, und werden deshalb wie der Strand unterhalb der Lausward auf der anderen Seite des Flusses stromaufwärts ebenfalls Paradies genannt. Das führt durchaus zu Verwechslungen. Unter Umständen landet man im falschen.

Lörick bietet zur sandigen Idylle außerdem den stadtbekannten Paradieshafen, der den Stränden vielleicht sogar den Namen gab. Dieser kleine, sehr charmante Naturhafen liegt in einem letzten Stück Altrhein mit angeschlossenem Campingplatz.

Unter den alten Pappeln am Löricker Strand geht es ruhiger zu als auf der anderen Seite südlich der Altstadt. Lörick ist noch immer der Übergang zum niederrheinischen Bauernland und finanziell sehr gut durchwachsen, mit vielen Zweitwagen und Hundesittern. Man bleibt nicht zwangsläufig unter sich, aber eben doch exklusiver. Und die meisten, die aus der Stadt heraus nach Lörick zum Schwimmen fahren, bevorzugen ohnehin das Freibad mit seiner praktischen Infrastruktur oberhalb der Strände.

Manchmal ankern Männer, die Kapitänsmützen tragen, direkt in den Buchten vor denen, die im Sand liegen, und die Frauen der Kapitäne liegen fotogen auf den kleinen Decks, mit Sonnenhut und großen Brillen und einem angewinkelten Bein fast wie im Film. Dann sieht hier tatsächlich alles nach Urlaub und Süden aus.

Tragbare Grills stehen vereinzelt im Sand. Es gibt Picknickkörbe und Plastikschalen, Luftmatratzen und Bierflaschen, die aneinandergelehnt im kühlen Wasser stecken. Am Strand spielen Kinder mit ihren großen Hunden. Väter werfen flache Steine, die weit und oft springen, über die leichten Wellen und werden dafür auch von ihren Frauen bewundert, die im Sand liegen und den Flugzeugen nachsehen, die gegenüber in Lohausen starten und zu anderen Stränden fliegen.

Adresse Löricker Strand | ÖPNV Bus 833, Haltestelle Strandbad Lörick | Öffnungszeiten ganzjährig | Tipp Der Fahrradweg von hier über den Deich bis zur Fähre in Langst, die nach Kaiserswerth übersetzt, ist einer der schönsten.

61 Das Maghreb-Viertel

Die Stimmen aus Marrakesch

Natürlich ist es übertrieben, die wenigen Straßen, in denen sich marokkanische Händler niedergelassen haben, als Kasbah zu bezeichnen. Aber manchmal kann man es so lesen. Definitorisch fehlt der Kasbah von Düsseldorf allerdings der unmittelbare Bezug zu einer Altstadt oder Festung, den eine Kasbah immer haben muss, und das einzige mächtige Bauwerk in der Nähe ist die dunkle Eisenbahnunterführung zwischen Mintropplatz und Eller Straße.

Aber im unteren Teil der Eller Straße mit ihren Seitenstraßen ist die Dichte marokkanischer Läden und Cafés besonders groß. Die Geschäfte sind nach fernen Städten benannt, nach Tanger oder Casablanca, und ein Friseur nennt seinen Laden, vielleicht weil er von dort kommt oder weil sich Düsseldorf gern mit der französischen Hauptstadt vergleicht und das hier gute Geschäfte versprechen soll, »Paris«.

Man betritt eine Straßenszenerie, in der es kaum Frauen gibt und die Männer auf dem Trottoir bei Tee und neuerdings auch bei Wasserpfeifen sitzen. Obwohl wie in Marokko die meisten Männer westlich gekleidet sind, kann man gelegentlich Traditionalisten in ihren typischen Landeskleidern sehen, im Kaftan und mit Fes, die dem grauen Ort hinter dem Bahndamm etwas Würdevolles und Exotisches geben.

In der Lessingstraße befindet sich eine der preiswertesten Fischhandlungen von Düsseldorf, »Golden-Fisch«, die ehemals legendäre und bei allen Gourmets bekannte »Poisson d'Or«, in der es immer die frischesten und seltensten Mittelmeerfische gab. In den durchweg preiswerten Geschäften versorgen sich die marokkanischen Arbeiter und ihre Familien mit Lebensmitteln und Haushaltswaren, mit Schmuck und billigen Reisekoffern, die der Hoffnung Ausdruck geben, dass sie eines Tages zurückgehen werden zu den malerischen Orten, von denen sie gekommen sind, und die sie als Postkartenmotive in ihre Läden gehängt haben, neben die Bilder des Königs, den sie verehren.

Adresse Mintropplatz/Eller Straße und Seitenstraßen | ÖPNV Straßenbahn 701, 704, 706, 707, 709, Bus 721, 722, 732, NE 8, Haltestelle Mintropplatz | Öffnungszeiten ganzjährig | Tipp Das »La Grilladine«, Dreieckstraße 23, ist das beste und ambitionierteste marokkanische Restaurant in Düsseldorf.

62 Das Mahnmal

Mit Sponsor

Bescheidenheit ist nicht gerade eine Düsseldorfer Tugend. Man gibt sich gern schicker, schöner und vor allen Dingen viel größer als vergleichbar große Städte und sieht sich überhaupt am liebsten in glamourösen Zusammenhängen. Deshalb ist es verwunderlich, wie klein, bescheiden und zurückhaltend ausgerechnet das Düsseldorfer Mahnmal ausgefallen ist, das an die Deportation und Vernichtung von etwa 6.000 Düsseldorferinnen und Düsseldorfern erinnert. In mindestens sechs sogenannten Großdeportationen zwischen dem 27. Oktober 1941 und dem 9. September 1944 wurden sie gezwungen, die Stadt zu verlassen. Die meisten in sogenannten »Viehwaggons«. Nur sehr wenige überlebten den Holocaust in den Vernichtungslagern und kamen nach Düsseldorf zurück. 57 sollen es gewesen sein.

Der perfide Sinn der Nationalsozialisten für äußerst primitive Symbolhandlungen hatte zu der Anordnung geführt, dass die Menschen, die erst deportiert und dann getötet werden sollten, sich am Schlachthof in Derendorf einfinden mussten. Von dort, nordwestlich des heutigen Mahnmals, führte ein letzter demütigender Weg unter Beschimpfungen und Bedrohungen der Bevölkerung durch die Schloss- und Tußmannstraße bis zur Ecke Augustastraße. Dort befand sich die ursprüngliche Verladerampe, an deren ungefährer Stelle seit 1966 ein Wohnhaus steht. Das gesamte Gelände parallel zur Tußmannstraße wurde bis vor einigen Jahren als Rangier- und Güterbahnhof benutzt. Hier entstanden die neuen Wohnviertel »Le Quartier Central« und »Le Flair«.

Am besten ist das Mahnmal von oben, von der Jülicher Brücke, zu sehen. Ein Gleis im neuen Schotterbett, daneben eine schmale Stele, auf der eine knappe Erläuterung und die Zielorte der Deportationszüge genannt sind: Minsk, Riga, Theresienstadt, Auschwitz.

Auch der Sponsor dieser Stele, ein Immobilienunternehmen, das das neue Wohnviertel vermarktet, ließ es sich nicht nehmen, dort in aller Bescheidenheit mit seinem Logo genannt zu werden.

Adresse Maurice-Ravel-Park | ÖPNV Straßenbahn 704, Bus 733, 756, 758, 807, Haltestelle St.-Vinzenz-Krankenhaus | Öffnungszeiten ganzjährig | Tipp Auf der anderen Seite der Jülicher Brücke steht in einer kleinen Parkanlage die Buscher Mühle, Düsseldorfs älteste und wieder intakte Wassermühle aus dem 14. Jahrhundert.

63 Der Malkasten-Park

Bitte lösen Sie ein Ticket!

Der nur etwa drei Hektar große historische, aber lediglich noch in Teilen original erhaltene Park steht seit 2001 unter Denkmalschutz und wurde, auch wenn das mehr gefühlt als sichtbar ist, an einigen Stellen wieder in Form gebracht, beschnitten, gesäubert und spätbarock arrangiert. Dafür muss man Eintritt zahlen, falls der Kassenautomat funktioniert. Das macht natürlich kaum jemand, zumal der kostenfreie Hofgarten direkt gegenüberliegt. So hat man den Park fast immer für sich und kann ganz ungestört darüber nachdenken, unter welchem Baum Johann Wolfgang von Goethe gedichtet und wo Adolf Hitler seine rassisch reine deutsche Eiche im Oktober 1937 gepflanzt haben mag.

Die Brüder Johann Georg (1740–1814) und Friedrich Heinrich Jacobi (1743–1819) hatten ihren Landsitz, der damals vor den Toren Düsseldorfs lag, zu einem intellektuellen Zentrum des späten 18. Jahrhunderts gemacht. Mit den später zu Klassikern gewordenen Christoph Martin Wieland und Wilhelm Heinse gaben sie literarische Zeitschriften heraus und setzten sich kritisch mit den Schriften von Johann Gottfried Herder und Immanuel Kant auseinander, die damals die Köpfe des ambitionierten Bürgertums verdrehten.

Im Frühjahr 1848 wurde hier der in seinen Anfängen revolutionäre Künstlerverein »Malkasten« gegründet. Im bürgerlichen Kunstleben der Stadt spielte er viele Jahrzehnte die vermutlich wichtigste Rolle. Seine anarchischen Maskenbälle waren legendär und berüchtigt und galten als Indiz für das zumindest nächtlich sehr libertäre Düsseldorf. Als Andreas Achenbach, der letzte große Malerfürst dieser Ära, starb, wurde das alte »Malkasten«-Gebäude (im Krieg zerstört) mit riesigen Trauerfahnen und einem gigantischen Trauerflor bestückt, und von hier bis zum Nordfriedhof standen die Düsseldorfer, die Achenbach wirklich verehrten, respektvoll Spalier. Noch heute ist der Traditionsverein mit Ausstellungen und Veranstaltungen aktiv.

Eine schöne Ergänzung zum historischen Park ist das sehr zeitgemäße »Lido«-Restaurant mit Terrasse und Parkblick.

Adresse Jacobistraße 6 | ÖPNV Straßenbahn 701, 705, 706, 707, Bus 752, 754, NE 1, NE 3, NE 4, NE 5, NE 7, SB 55, Haltestelle Jacobistraße | Öffnungszeiten täglich, Sommer 10–20 Uhr, Winter 10–18 Uhr | Tipp Das Goethe-Museum, in direkter Nachbarschaft, verfügt über geschätzte 50.000 Exponate, die in Bezug zu Johann Wolfgang von Goethe stehen.

64 Das Mausoleum in der Andreaskirche

Lauter tote Fürsten

Bei der angeblichen und immer wieder beschworenen Liebe der Düsseldorfer zu »ihrem« Jan Wellem könnte man meinen, dass er kein willkürlich regierender Herrscher gewesen sei, der vor 300 Jahren starb, sondern ein populärer Held, dessen warmer Atem noch durch die Gassen der Altstadt weht. Mit feudalem Namen hieß er Johann Wilhelm, Kurfürst von der Pfalz, Herzog von Jülich, Kleve und Berg, ein glückloser Potentat, dessen Papierform als zeitweiliger Verwahrer der Reichsinsignien zwar beachtlich, aber der im wirklichen politischen Leben einigermaßen unbedeutend war.

Wann die Verklärung des Kurfürsten einsetzte, kann heute nur vermutet werden; zumindest die grundsätzlich liberal gestimmten Düsseldorfer machten sich nachträglich nicht viel aus seinem pompösen Auftreten, und selbst sein schönes von Hofbildhauer Gabriel de Grupello gearbeitetes Grab schien nicht der Mühe wert, anständig gepflegt zu werden. In den 30er Jahren des letzten Jahrhunderts befand es sich in einem maroden und desolaten Zustand. Der barocke Prunksarg des Fürsten war verschoben und geöffnet worden. Erst eine Beichte brachte an den Tag, wie es im Mausoleum hinter dem Chorraum der Andreaskirche tatsächlich zuging.

Aus Anlass der Jan-Wellem-Jahre 1958 und 2008 wurde das 1717 vollendete Mausoleum vollständig renoviert und der Öffentlichkeit wieder zugänglich gemacht. Von Anfang an war es vermutlich nur als Interimslösung gedacht, mit der eigentlichen Absicht, die Toten eines Tages in die Fürstengruft der Residenz nach Neuburg an der Donau zu bringen. Aber sie blieben, warum auch immer, in Düsseldorf. Jan Wellem war der letzte Pfalzgraf, der hier beigesetzt wurde. Neben ihm sind noch weitere sieben Mitglieder des Fürstenhauses bestattet, wobei der bis heute nicht eindeutig identifizierte Kindersarg einer »unbekannten polnischen Prinzessin« dem Mausoleum ein schönes und spekulatives Geheimnis gibt.

Adresse Andreasstraße 10, Tel. 0211/132326 (Pastoralbüro), www.dominikaner-duesseldorf.de | ÖPNV U 70, U 71, U 72, U 73, U 74, U 75, U 76, U 77, U 78, U 79, U 83, Bus 780, 782, 785, 805, 817, SB 50, Haltestelle Heinrich-Heine-Allee | Öffnungszeiten Mo–Sa 7.30–18.30 Uhr, So 8.30–19 Uhr (Kirche), Mi ab 16 Uhr (Mausoleum) | Tipp Gegenüber dem Hauptportal der Andreaskirche hatte Joseph Beuys sein »Büro für direkte Demokratie«. Heute befindet sich dort die Design-Galerie »Cebra« (Andreasstraße 25).

65 Das »Metropol«

Bevor sie verschwinden

Cineasten haben nicht nur Lieblingsfilme, sie haben auch Lieblingskinos. In der Regel sind das Programmkinos, manchmal Schachtelkinos, die so klein und intim sind wie Geständnisse, die Obsessionen und Leidenschaften verraten. Die Lieblingskinos sind Orte mit Geschichte und auch immer solche, mit denen intensive Kinogänger ihre ganz eigenen, manchmal weit zurückreichenden Filmerinnerungen verbinden. Im Kinosessel wird man sozialisiert: Darin versunken sieht man zwar allein, aber eben doch in Gesellschaft. Cineasten, die sich Bilder und Silber in die Nächte zaubern, werden selten, und das macht den Kinos zu schaffen.

Als es Streamingdienste noch nicht gab und niemand auf die abartige Idee kam, allein eine Pizza aus einem Karton vor dem Bildschirm zu essen, als in den Nächten viel geraucht und getrunken wurde und die meisten Filmfans wenig Schlaf brauchten, lebten die Programmkinos von Filmnächten und Retrospektiven. Die Nächte waren meist zu kurz, um alles sehen zu können, was man gern gesehen hätte.

Nachdem so viele Kinos in Düsseldorf verschwunden sind, ist das Metropol heute das älteste Kino der Stadt.Es existiert zumindest an dieser Stelle und unter diesem Namen seit 80 Jahren.

Das alte, im Krieg zerstörte, dann wiederaufgebaute und schließlich in den 1960er Jahren abgerissene Kino soll 800 Plätze gehabt haben. Das anschließend mit einem Hotel wiedererstandene dritte Metropol ist auf etwa ein Viertel der ursprünglichen Größe geschrumpft. Heute gibt es einen kleinen und einen großen Saal. Der große ist gewissermaßen idealcineastisch, nicht zu klein und auch nicht großformatig anonymisiert, sondern so proportioniert, dass man alles im Blick hat, durch die Reihen grüßen und genügend Abstand halten kann, um sich in die Bilder zurückzuziehen.

Außer dem Metropol gibt es noch vier weitere Programmkinos: Atelier im Savoy und Bambi (beide Stadtmitte), Cinema (Altstadt) und das Open-Air-Kino Vier Linden (Oberbilk).

Adresse Brunnenstraße 20, Tel. 0211/349709, www.filmkunstkinos.de | ÖPNV S 8, S 11, S 28, U 71, U 72, U 73, U 83, Bus 835, 836, M 3, NE 7, Haltestelle Bilk | Öffnungszeiten je nach Vorstellung und Filmlänge | Tipp Der Outdoor-Spezialist »Unterwegs« (Brunnenstraße 6–8, früher »Sack & Pack«) ist nach wie vor die angesagte Adresse für alle Träume unter freiem Himmel.

66 Das Mutter-Ey-Denkmal

Mit Creamcheese und Fischer

Wenn die Erinnerungskultur im Stadtbild eine feste und vielschichtig interpretierbare Form haben soll, kommt Bert Gerresheim ins Spiel. Der 1935 in Düsseldorf geborene Bildhauer gestaltete unter anderem das Denkmal für Heinrich Heine und das Stadterhebungsmonument und 2017 das für Johanna Ey, die auf der Ratinger Straße 45, direkt um die Ecke, eine Kaffeebude hatte. Sie steht heute, und das ist ein beredter Ort, schräg gegenüber der ersten Avantgardegalerie von Konrad Fischer, gleich neben der nicht mehr existierenden Kunstkneipe »Creamcheese«.

Johanna Ey verkaufte Kaffee und belegte Brötchen. Für Akademiestudenten schrieb sie an und nahm deren Bilder in Zahlung. Sie kaufte, was später oft kolportiert wurde, die Bilder tatsächlich für »'n Appel und 'n Ey«. Ihr intensives Engagement für Bilder, die zunächst niemand wollte, hatte überraschend Erfolg. Sie wurde als Autodidaktin die Galeristin des »Jungen Rheinland« und zur meistgemalten Frau Deutschlands. Sie war nicht hübsch, sondern eher rund, also ganz malerisch, und sie sprach unterschiedliche Temperamente an wie Arthur Kaufmann, Max Ernst, Gert Wollheim und Otto Dix.

Schon bald nach den ersten Verkäufen auf der Ratinger Straße eröffnete sie auf dem Hindenburgwall, der Oper gegenüber auf der heutigen Heinrich-Heine-Allee, eine große Galerie, die sich ungefähr an der Stelle des Restaurants »Klee's« in der Kunstsammlung K 20 befand. »Neue Kunst. Frau Ey.« stand über den Fenstern. Auch die Kunstzeitschriften »Das Ey« und »Junges Rheinland« wurden ab 1920 in ihren Galerieräumen redigiert, und fast alles, was bei »der Ey« im Fenster zu sehen war, sorgte für Skandale.

Von Geschäften verstand sie am Ende jedoch nichts. Ein Teil ihrer bedeutenden Sammlung, zu der auch das berühmte, aber verschollene Bild »La Belle Jardinière« von Max Ernst und »Meine Eltern« von Otto Dix (heute Kunstpalast) gehörten, wurde gepfändet, der andere Teil verbrannte zehn Jahre später bei einem Luftangriff in einem Keller in Pempelfort.

Adresse Mutter-Ey-Platz | ÖPNV U 70 – U 80, U 83, Bus 780, 782, 785, Haltestelle Heinrich-Heine-Allee | Öffnungszeiten ganzjährig | Tipp Gegenüber befindet sich die sehr sehenswerte, das 20. Jahrhundert in allen wesentlichen Strömungen und Richtungen repräsentierende »Kunstsammlung Nordrhein-Westfalen K 20«.

67_Die Napoleonsecke

Der Kaiser beim Bier

Wenn es nicht wirklich passiert wäre, hätte man es natürlich erfinden müssen: Napoleon Bonaparte, Kaiser der Franzosen und Beherrscher der damals bekannten Welt, gönnte sich und seinen Generälen nach zahlreichen Feldzügen im Winter 1811 endlich ein Alt. Er war schließlich nicht nur nach Düsseldorf gekommen, um sich und seinen Schwager Joaquim Murat feiern zu lassen, den er zum Großherzog von Berg und später sogar zum König von Neapel ernannte. Er war auch nicht gekommen, um seinerseits den Menschen hier nur Komplimente und unhaltbare Versprechungen zu machen. Düsseldorf, obwohl es im Osten nur bis zum Ratinger Tor und im Süden bis zum Schwanenmarkt reichte, verglich er mit Paris, und zur Verschönerung der Stadt versprach er gewissermaßen aus der Lameng 100.000 Golddukaten, die er kaiserlich schuldig blieb, aber doch auf beiden Seiten ein gutes und angenehmes Gefühl hinterließen. Er war gekommen, um sich zu betrinken, um »Halven Hahn« zu essen oder Grünkohl mit Mettwurst, denn es war November, und nach dem ersten Frost schmeckt er besonders gut.

Napoleon war durch einen für ihn errichteten Triumphbogen geritten, am Anfang der sofort nach ihm benannten Kaiserstraße, dann durchs neue Ratinger Tor abgebogen auf die Straße zum Rhein, wo er die Ratinger Straße wegen ihrer frühen Betriebsamkeit »Rue du Matin« nannte, Straße des Morgens. Die alten Düsseldorfer, die am Straßenrand klatschten und Franzosen werden wollten, machten daraus »Retematäng«, was lange der Name dieses Teils der Altstadt blieb.

Dass er nicht sofort im »Füchschen«, im »Schlösser« oder später im »Uerige« ein Alt trank, lag nur daran, dass es diese Brauhäuser damals noch nicht gab. Aber das Brauhaus »Zum Schiffchen« existiert schon seit 1628, und so war es klar, dass Napoleon und seine Generäle hier eingekehrt sein müssen.

Köbesse haben auch sofort die Ecke markiert, in der Napoleon saß, und trotz Umbauten, Bombardements und Hausbränden ist sie durch die Jahre erhalten geblieben, geehrt mit seiner Büste und der Trikolore.

Adresse Hafenstraße 5, Tel. 0211/132421, www.brauerei-zum-schiffchen.de | ÖPNV Bus 726, Haltestelle Maxplatz | Öffnungszeiten Mo–So 12–24 Uhr | Tipp Heinrich Heine ging gegenüber in die Maxschule; die lokalgefärbte Anekdote, dass er vor oder nach Schulbeginn sein Bier am Tresen zischte, hat sich aber nie durchsetzen können.

68 Das Neandertal

Wo alles begann

Es ist natürlich eine gewagte Interpretation, das Neandertal für den ersten und vielleicht auch ältesten Düsseldorfer Ort zu halten. Denn rein gemeindetechnisch liegt das Neandertal auf Mettmanner Gebiet, also im Osten hinter Düsseldorf und gut zwölf Kilometer vom Stadtmittelpunkt entfernt.

Aber zum einen ist das Tal nach dem Düsseldorfer Kirchenmusiker und Pastor der Altstädter Neanderkirche in der Bolkerstraße, Joachim Neander, benannt, zum anderen hat man aus lokalpatriotischen Gründen lange angenommen, dass der zu Weltruhm gelangte Neandertaler der erste Mensch überhaupt und damit ein Düsseldorfer sei.

Nichts in seiner Höhle, die als »Kleine Feldhofer Grotte« in die Literatur eingehen sollte, wies darauf hin, dass er dort lebte und arbeitete. Er schien vielmehr jemand gewesen zu sein, der die Düssel hochgewandert war; ohne besondere Ausrüstung, wie die meisten Düsseldorfer das im Sommer früher irgendwann machten, ein namenloser, aber später weltberühmte Spaziergänger. Erst bei neuen Grabungen 1999 und 2000 fand man heraus, dass er nicht allein gewesen war, sondern mit vermutlich 70 anderen Düsseldorfern hier in Gemeinschaft lebte. Entdeckt wurde er 1856 bei der Zerstörung des wildromantischen Tals von zwei italienischen Arbeitern der nahen »Actiengesellschaft für Marmorindustrie«, die hier Kalkstein abbauen ließ, und der Naturforscher Johann Carl Fuhlrott erkannte in den Knochenfragmenten keinen Höhlenbären, wie man zuerst vermutet hatte, sondern eine evolutionstheoretische Sensation.

Die alte Fundstelle befindet sich hinter dem Rabenstein, der letzten erhaltenen Felsnase, gewissermaßen in den Lüften. Mit sogenannten Fluchtstangen ist sie exakt markiert. Eine in den Boden eingelassene Zeitachse informiert, wann was in der Erdgeschichte los war. Die praktischen Steinliegen neben den Stangen sind mit dem Hinweis versehen, dass man sich hier liegend die Stelle in etwa 20 Meter Höhe vorstellen darf, in der vor 42.000 Jahren das Herz dieses ersten Düsseldorfers zu schlagen aufhörte.

Adresse Neanderthal Museum: Mettmann, Talstraße 300, Fundstelle: circa 200 Meter entfernt, an der Mettmanner Straße | ÖPNV Bus 741, 743, Haltestelle Neanderthal/Museum | Öffnungszeiten Fundstelle und Museum: Di–So 10–18 Uhr, Fundstelle: Nov.–Feb. 10–16 Uhr | Tipp Das multimediale Museum und das nahe gelegene Wildgehege bringen den oft kindlichen und jugendlichen Besuchern die Welt der fernen Höhlenbewohner so nah wie eben möglich.

69 Das Nitribitt-Grab

Die Geliebte einflussreicher Männer

Spektakuläre Tote haben leider nicht immer spektakuläre Grabsteine, und so muss man den von Rosemarie Nitribitt, der graugrün und ganz unauffällig ist, vielleicht eine Zeit lang auf dem Düsseldorfer Nordfriedhof suchen, bis man am Hauptweg, Feld 95, in der Nähe der Kreuzung zu Feld 94, etwas zurückgesetzt, vor ihm steht.

»Nichts Besseres darin ist, denn fröhlich sein im Leben« steht auf diesem Stein, und vielleicht war es ihr Lebensmotto, vielleicht aber auch nur ein frommer Wunsch, denn ihr Leben, unehelich geboren, in Heimen aufgewachsen und schon früh vergewaltigt, war vermutlich traurig und von Gier und Materialismus bestimmt. In den 24 Jahren ihres kurzen Lebens, das 1933 in Düsseldorf begann, war sie vom renitenten Heimkind zur hochbezahlten Edelprostituierten avanciert, trug standesgemäß Nerz und Pudel, galt als paranoid geizig und wurde am 1. November 1957 in ihrem Luxusappartement in Frankfurt ermordet. Von wem, weiß man bis heute nicht. Ein kleines Notizbuch offenbarte einer interessierten und schockierten Öffentlichkeit ihre Liebhaber. Mächtige Männer hatten es sich auf und mit ihr exzessiv gemütlich gemacht: Harald von Bohlen und Halbach (einer der Krupp-Erben), Gunter Sachs (einer der Sachs-Erben) und Harald Quandt (einer der BMW-Erben).

Die Polizei, das stellte sich schnell heraus, hatte so schlampig wie nur möglich gearbeitet und konnte nicht einmal den genauen Todeszeitpunkt feststellen. Indizien verschwanden ebenso wie Protokolle, und ein Anwalt der Familie Krupp soll einem Zeugen (dem Geliebten der Nitribitt, der selbst beschuldigt wurde, der Mörder zu sein) Geld gezahlt haben, damit er verschweige, was den Krupps schaden könnte.

Für das Kino wurde sie 1958 neu erfunden. »Das Mädchen Rosemarie« nahm Nitribitts Leben in einer sehr harmlosen, freundlich satirischen Variante zum Anlass, der noch pubertierenden Bundesrepublik mit ihrem Wohlstandsgehabe, den Adenauer-Kommoden, Erhard-Zigarren und ihrer doppelten Moral auf den Zahn zu fühlen.

Adresse Am Nordfriedhof 1, Grabfeld 95 | **ÖPNV** Bus 721, 722, 729, 756, 758, 834, 863, SB 51, Haltestelle Nordfriedhof | **Öffnungszeiten** ganzjährig | **Tipp** Für gewöhnlich wird auf dem Nordfriedhof die Düsseldorfer Prominenz zur letzten Ruhe gebettet. Zahlreiche Künstler und Industrielle liegen hier begraben, aber auch Tote, die erst durch ihren Tod spektakulär wurden wie Ernst vom Rath, dessen Ermordung zum Anlass der Reichspogromnacht 1938 genommen wurde.

70_Das Paradies

Faul im Sand

Man kennt das vom Reisen. Man ist den glänzenden Bildern gefolgt und will zu den leeren makellosen Stränden, raus aus dem Alltag und raus aus der bekannten Welt, allein sein und natürlich auch zu zweit, für ein paar Stunden zumindest oder für Tage, einfach dahin zurück, wo das Paradies oder zumindest das Paradiesische sein könnte. Aber wenn man ankommt, ist alles voll. Irgendwann sind alle Paradiese voll. Das ist normal, denn vertrieben wird aus ihnen schon lange niemand mehr. Mit diesem ist es nicht anders. Warum das Paradies unterhalb der Lausward und des Golfclubs (»Golf für alle!« lautet das Vereinsmotto) überhaupt noch so heißt, hat vermutlich sentimentale, vielleicht lokalhistorische Gründe.

Hier lagen im Sommer die im Sand, die von der alten Ratinger Straße mit ihren legendären und aufsässigen Kneipen herüberrollten, und natürlich die, die keinen Balkon hatten und in der Nähe wohnten, im tiefen Bilk hinter den Hafenbecken, als es den schicken Medienhafen noch nicht gab. In dieser Zeit gab es noch einen richtigen Hafen, in dem viel gearbeitet wurde. Und da machte es besonders viel Spaß, faul im Sand zu liegen. Es gab auch eine bunte Wagenburg von denen, die immer auf irgendeiner Reise sind, oberhalb des Strands.

Eine intensive Vorliebe für Reggae bestimmte den Sound im Paradies, und selbst gedrehte Zigaretten machten die Runde. Man war überhaupt einander sehr zugetan. Es war so schön, dass manche, die nichts anderes zu tun hatten, hier ganze Sommer verbrachten, meistens flach im Sand und manchmal aufrecht mit den Füßen im Wasser.

Wer das Paradies heute für sich haben möchte, muss früh kommen, am besten kurz nach Sonnenaufgang. Dann sieht noch alles so aus, als sei es neu, ursprünglich und unberührt, mit ganz wenig Müll vom Vortag. Später wird, wer massenphobisch ist, zwangsläufig vertrieben. Und wer ein bisschen vom alten Feeling spüren möchte, sollte natürlich den frühen Abend abwarten, wenn die meisten anderen mit Kind und Kegel wieder gegangen sind.

Adresse Paradiesstrand, unterhalb des Parlamentsufers | **ÖPNV** Bus 726, 732, NE 8, Haltestelle Rheinturm | **Öffnungszeiten** ganzjährig | **Tipp** Oberhalb der Strände befindet sich die Kunstgießerei Kayser, die für viele international bedeutende Künstler arbeitet.

71 Der Park am Spee'schen Graben

Tragische Schlachten

Das Stück Düssel, das man vor dem Wehr zwischen den tief hängenden Büschen sieht, ist der letzte bescheidene Rest des Düsseldorfer Stadtgrabens, der an der alten Bastion mögliche Feinde davon abhalten sollte, die Stadt zu erobern. Angeblich ertrank an dieser Stelle ein Freund Heinrich Heines, nachdem der selbst zögerliche Heine ihn aufgefordert hatte, eine Katze, die hier ins Wasser gefallen war, zu retten.

Die nach Osten gerichtete und parallel zur Poststraße laufende Mauer ist alles, was von der Zitadelle blieb, die nie angegriffen und nach der Besetzung durch französische Revolutionstruppen dennoch geschliffen wurde. Ihr Wert war mehr theoretisch als praktisch, und auch die Franzosen hatten den direkten und vermutlich einfacheren Weg gewählt, als sie die Stadt von der offenen Rheinseite her sturmreif schossen.

Die Grafen von Spee bewohnten das Palais direkt am Berger Tor, das die Stadt nach Süden abschloss. Eine Gedenktafel über dem Tor zum Park erinnert an den Admiral Maximilian von Spee, der am 8. Dezember 1914 in der Seeschlacht vor den Falkland-Inseln sein Geschwader verlor und gemeinsam mit seinen Söhnen Otto und Heinrich und 2.200 deutschen Matrosen den Tod fand. Auf englischer Seite starben nur zwölf Soldaten.

Auch an Ferdinand Lassalle und Johanna Ey wird mit Skulpturen im Park erinnert. Lassalle war Mitbegründer der deutschen Sozialdemokratie und Anwalt der Gräfin Hatzfeldt, für die er einen Rosenkrieg gegen ihren Ehemann gewann. Johanna Ey, die resolute Kaffeetante von der Ratinger Straße, schlug sich zeitlebens als Galeristin für die Maler des »Jungen Rheinland«.

Die Platanen im Park sind mindestens so alt wie der Stadtgraben. In ihnen schreien grüne Halsbandsittiche aus Indien, und die Spaziergänger, die im Park hin und her gehen, fragen sich, ob ihre permanente Anwesenheit den Klimawandel vorwegnimmt.

Adresse Poststraße / Orangeriestraße (Eingang) | **ÖPNV** Bus 726, Haltestelle Maxplatz | **Öffnungszeiten** ganzjährig | **Tipp** Mit ein paar Schritten über die kopfsteingepflasterte Bäckerstraße ist man aus der Beschaulichkeit des Parks heraus und schon auf der lärmenden Rheinuferpromenade.

72 Das Paul-Janes-Stadion

Für immer Fortuna

Das Fortuna-Stadion am Flinger Broich heißt seit 1990 Paul-Janes-Stadion, benannt nach ihrem vielleicht besten oder zumindest erfolgreichsten Verteidiger. Janes war ab 1942 mit insgesamt 71 Einsätzen deutscher Rekordnationalspieler, bis ihn Uwe Seeler erst 28 Jahre später mit einem einzigen Spiel mehr in der Statistik übertreffen konnte. Janes ist heute nicht so bekannt wie andere Fortuna-Spieler der frühen Stunden, wie Toni Turek beispielsweise, der zwar nur kurz bei der Fortuna spielte, aber 1954 einer der Helden von Bern war. Und so ist das Stadion auch für die härtesten Fans immer das am Flinger Broich geblieben, benannt nach dem Ort, an dem in einem ehemals sumpfigen Gelände ein Fußballplatz entstanden war.

Die große Mannschaft, zu der auch Janes gehörte und die 1933 Deutscher Meister gegen Schalke und drei Jahre später unglücklich Vize gegen Nürnberg wurde, kam aus diesem dunkel verbauten Düsseldorfer Arbeiterviertel, das damals am Rand der Stadt lag. Bis heute hat sich der Flinger Broich mit seinen Werkstätten, Boxhallen, Schrebergärten und der über allem in den Lüften stehenden Müllverbrennungsanlage diese eigenartige Außenseiterposition bewahrt. Irgendwie scheint Düsseldorf hier wenig präsent zu sein, das Lokalkolorit ist nicht wie in anderen Stadtteilen auf Hochglanz poliert, eher verkratzt und etwas verwaschen in einem Viertel, das sich nicht eignet, die Düsseldorfer Stadtklischees zu repräsentieren. Die erste Mannschaft spielt in der schicken Merkur Spiel-Arena in Stockum, aber in Flingern muss die Fortuna ihre proletarische Herkunft nicht verleugnen.

Als nach den großen Erfolgen Ende der 70er Jahre (Pokalsieger 1979 und 1980, Europapokal-Finale 1979) der rasante Abstieg begann und die Fortuna bis in die vierte Liga durchgereicht wurde – eine Demütigung, die labile Thekensteher noch heute zum kollektiven Absturz bringt –, hat sie am Flinger Broich ihre Wunden geleckt. In den Eckkneipen wurde sie wieder aufgepäppelt, als man außerhalb von Flingern nichts mehr von ihr wissen wollte, bis sie endlich in einer Liga spielte, für die sich niemand schämen musste.

Adresse Flinger Broich 87, www.f95.de | ÖPNV Bus 738, NE 4, NE 5, Haltestelle Fortunaplatz | Öffnungszeiten an Spieltagen ab 12.30 Uhr geöffnet | Tipp In der etwas trostlos geratenen Umgebung liegt die ursprüngliche Schrebergartensiedlung »Märchenland«. Vor etwa 80 Jahren wurde das Gelände illegal besetzt und hat sich bis heute gegen alle kommunalpolitischen Angriffe behauptet.

73 Das Rahmenmuseum

Kein Bild, das stört

Die Dinge sind hier ganz sprichwörtlich aus dem Rahmen gefallen, das heißt, die Rahmen, die ausgestellt werden, sind leer. Rahmen werden für gewöhnlich wenig geachtet, allenfalls beiläufig wahrgenommen, als hübsch oder als störend, passend oder unpassend empfunden. Andernorts, in Museen und Wohnungen, sind sie immer nur das praktische Äußere eines beachteten Inhalts. Den Bildern überhaupt erst einen angemessenen Rahmen zu geben, wird nicht immer geschätzt, manchmal sogar verachtet, als störe der Rahmen den Inhalt, und es hat Zeiten gegeben, in denen das Bedürfnis, Bilder zu umrahmen, eher als spießig und kleinbürgerlich empfunden wurde. Hier aber sind die Rahmen alles: Kein Bild, das von der Schönheit und handwerklichen Perfektion der Rahmen ablenken könnte. Es sind durchweg ungewöhnliche Meisterwerke, elegant, kostbar oder doch zumindest typisch für eine bestimmte Kunstepoche, in der sie entstanden. Etwa 1.200 leere und dicht ineinander gehängte Rahmen sind in den Räumen dieses Privatmuseums der Düsseldorfer Kunsthändlerfamilie Conzen ausgestellt.

Die Lust auf Rahmen deckt sich mit der nach Repräsentation und zieht sich durch die Jahrhunderte. Das aufkommende Bürgertum liebte Rahmen in allen Formen und Varianten: Als in der italienischen Renaissance die Antike und ihre freiheitlichen Ideale, die zu einer Neugestaltung der Welt führen sollten, wiederentdeckt wurden, entwarf eine von Handel und Expansion bestimmte Gesellschaft neue Sichtweisen.

Das Bild, das man sich von der Welt machte, brauchte eine definierte Festigkeit, ein Inneres und Äußeres, das dem Betrachter die Geschlossenheit seiner eigenen Ansichten präsentierte – der Blick in die Welt wurde erst kostbar durch einen Rahmen, durch den man sie wahrnahm. Damals, als diese Dinge noch wichtig und Bestandteil einer auf Ewigkeit gebauten Welt waren, war der Rahmen die andere Kunst, die zum Kunstwerk gehörte. Hier ist sie ausgiebig zu bewundern.

Adresse Bilker Straße 5, Tel. 0211/866810, www.conzen.de | ÖPNV Bus 726, Haltestelle Maxplatz | Öffnungszeiten Besichtigungen und Führungen nach Vereinbarung (Tel. 0211/966818) | Tipp Kongenial zu den eleganten Rahmen sind die vielen klassizistischen Häuser der Bilker und Hohe Straße, in denen sie hängen könnten.

74_Die Ratinger Straße

Alte Liebe

Sie ist ein Mythos der Düsseldorfer Altstadt und bestimmt auf die eine oder andere Weise die Erinnerungen der meisten Düsseldorfer, die Ende der 50er, Anfang der 60er Jahre geboren wurden und deren damals junger und frischer Alltag von Nonkonformismus, Rebellion und Punk bestimmt wurde.

Zwischen »Ratinger Hof« (Nr. 10), »Uel« (Nr. 16) und »Einhorn« (Nr. 18) verliefen die kreativen Kraftlinien einer bis in die Fingerspitzen unruhigen Szene. Lange vor den Toten Hosen, die noch dilettantisch, aber extrem punknah über ihren Gitarren den Pogo tanzten, war der »Ratinger Hof« (eine provisorische Nachkriegsruine, die es heute nicht mehr gibt) die existenzialistische Underground-Seele der Altstadt, eiskalt und knallhart im Neonschein seiner Lichtröhren, mit Tanzfläche und legendärer Drogen-Toilette.

Die Besäufnisse und Exzesse auf der Ratinger waren berühmt und für die Beteiligten manchmal folgenreich. Der Mix aus Alkohol, Drogen, Erfolg und Erfolglosigkeit lichtete schließlich die Reihen, und das lange und zähe Ende dieser damals schrillen Kunstszene war abzusehen: Die Akteure waren sich selbst entweder nicht mehr gewachsen oder sie flüchteten noch rechtzeitig in ein gesünderes und weniger gefährliches Leben. Wer sich selbst überstanden hatte, schrieb dann manchmal Kunstgeschichte. Die sogenannte Avantgarde wird immer irgendwann vom sogenannten Bürgertum eingeholt, und so ist es auch auf der Ratinger: Mittwochs und freitags ist die Straße heute mit Hunderten von netten Jura-, Medizin-, Medien- und BWL-Studenten besetzt, die nun die Akteure dieses einmaligen, aber harmlosen Straßentheaters sind.

Im »Ohme Jupp« (Nr. 19), der einstigen Lieblingskneipe von Joseph Beuys und seinen Jüngern, auf der anderen Seite der Ratinger, sitzen tagsüber auch heute wieder weltberühmte Malerstars, Fotografen, Büchnerpreisträger und Bildhauer mit ihren kompletten Klassen der nahen Kunstakademie, die allein mit ihrer Anwesenheit dafür sorgen, dass der Mythos der Ratinger tatsächlich noch lebt.

Adresse Ratinger Straße | **ÖPNV** U 70, U 71, U 72, U 73, U 74, U 75, U 76, U 77, U 78, U 79, U 83, Bus 780, 782, 785, 805, 817, SB 50, Haltestelle Heinrich-Heine-Allee | **Öffnungszeiten** ganzjährig | **Tipp** Ziemlich am Anfang der Ratinger Straße, im Haus »Zum Schwarzen Horn« (Nr. 6), befand sich Düsseldorfs erstes Rathaus, das erst 1470, fast 200 Jahre nach der Stadterhebung, bezogen wurde.

75 Das Ratinger Tor

Säulen aus Athen

Das einzige heute noch erhaltene Düsseldorfer Stadttor hatte nie die Funktion seiner Vorgänger. Es war kein Stadttor im eigentlichen Sinn, denn als es erbaut wurde, war die Stadt bereits von allen Seiten und auch außerhalb der Tore zugänglich. Es entstand erst spät, nachdem die Stadtmauer und ihre militärischen Befestigungsanlagen durch die napoleonischen Truppen nach dem Frieden von Lunéville geschleift worden waren.

Das erste Ratinger Tor hatte sich an der Kreuzung Altestadt und Liefergasse befunden, direkt vor der Kreuzherrenkirche, die damals mit ihrem Heiligtum, dem Gnadenbild der Mutter Gottes, vor der Stadt lag. Ein späteres Tor war weiter nach Osten, auf die Ratinger Straße, verlegt worden, Ecke Mühlengasse, deren Name daran erinnert, dass neben dem alten Ratinger Tor eine Windmühle stand.

Das neue Ratinger Tor wurde zwischen 1811 und 1815 nach den Plänen des klassizistischen Baumeisters Adolph von Vagedes errichtet und hatte die Funktion eines Zolltores, an dem die Stadt aus eingeführten Waren einen Großteil ihrer Einnahmen bezog. Zur fiskalischen Hoch-Zeit, im ersten Jahrzehnt seines Bestehens, sollen diese Steuern immerhin ein Drittel der gesamten Stadteinnahmen betragen haben.

Vagedes hatte sein Tor an antiken Bauten orientiert und beide Torhäuser, die an kleine Tempel erinnern, mit dorischen Säulen umstellt. Sein Lehrer Karl Friedrich Schinkel reiste nach dessen Fertigstellung nach Düsseldorf, um die Arbeit seines Schülers zu betrachten und letztlich auch zu bewundern, denn Vagedes' Torbau inspirierte Schinkel nachhaltig zu einem seiner Meisterwerke, der Neuen Wache in Berlin. Nach dem Zweiten Weltkrieg wurde im südlichen Torhaus von der Ausdruckstänzerin Hella Nebelung eine Kunstgalerie eröffnet, die später von Hete Hünermann, einer Schwester der Mäzenin Gabriele Henkel, weitergeführt wurde. Heute wird das südliche Torhaus privat genutzt. Im nördlichen Haus treffen sich die »Düsseldorfer Jonges«, Düsseldorfs größter Heimatverein.

Adresse Maximilian-Weyhe-Allee 1 und 2 | ÖPNV U70, U71, U72, U73, U74, U75, U76, U77, U78, U79, U83, Bus 780, 782, 785, 805, 817, SB50, Haltestelle Heinrich-Heine-Allee | Öffnungszeiten ganzjährig | Tipp Wenn die Bäume nicht so hoch und dicht belaubt wären, könnte man vom Napoleonsberg die glänzend weißen Torhäuser sehen. Von hier aus soll der Kaiser der Franzosen die Schönheit der Stadt besonders gelobt haben.

76 Der Raum 20

Das Reich Beuys

Als Kunststudent bei Ewald Mataré und seit 1961 als ordentlicher Professor hatte Joseph Beuys (1921–1986) in verschiedenen Räumen der Kunstakademie gearbeitet und gewirkt, gelehrt und polemisiert. Zeitweilig war der »Raum 20« der Machtpol, an dem Beuys seine Batterien auflud und seine begeisterten Schüler den Kult um ihren Meister inszenierten. Hier feierte er seinen 50. Geburtstag, ein legendäres Happening und ein Schamanenfest, bei dem Feuer entzündet und Beuys mit Asche, Lehm und Federn geschmückt zum kunstgeschichtlichen Fetisch wurde.

Unter den vielen Künstlern, die an der Akademie wirkten, war Beuys derjenige, der die Kunst aus ihrem natürlich bedingten und teils akademisch definierten Elfenbeinturm direkt in das Bewusstsein auch unschuldiger Zuschauer katapultierte. Beuys hielt nicht nur die Akademie und ihre Direktion Anfang der 70er Jahre in ständiger Bewegung. Er schickte auch eine ganze Stadt auf die intellektuelle und ästhetische Teststrecke, wenn die Fragen, was Kunst sei und was sie nicht sein könne, an seinen Fettecken, beklebten Badewannen, an toten Hasen und am »Leben als sozialer Plastik« nach Antworten suchten.

Beuys wurde deshalb geliebt und verehrt, verachtet und gehasst. Kein bunter Hund war in Düsseldorf so bekannt wie Professor Beuys, dessen Hut und Weste zu unübersehbaren Markenzeichen eines neuen Kunstbewusstseins wurden.

»Meisterschüler von Beuys« zu sein war deshalb auch eine Auszeichnung, der etwas Sphärisches und nur irrational Begreif bares anhaftete, und seine von ihm so ausgezeichneten Schüler wurden fast alle, zumindest vorübergehend, zu anerkannten Stars. Auch nach seinem Tod schien es, als sei Beuys der letzte große noch lebende Künstler.

An Beuys erinnert heute nichts mehr in diesem Kraftraum der Düsseldorfer Kunstszene. Schüler und Meisterschüler anderer Professoren nutzen nun den Raum, der während des jährlich stattfindenden öffentlichen Rundgangs durch die Akademie, Anfang des Jahres im Februar, besichtigt werden kann.

Adresse Kunstakademie, Eiskellerstraße 1 | ÖPNV U 70, U 74, U 75, U 76, U 77, Bus 805, SB 50, Haltestelle Tonhalle / Ehrenhof | Öffnungszeiten ganzjährig; alljährlich im Februar findet der Rundgang, die Ausstellung der Studierenden der Kunstakademie, statt; www.kunstakademie-duesseldorf.de | Tipp Was so richtig in der Akademie abgeht und was die Studenten umtreibt, erfährt man schnörkellos beim Essen in der Mensa der Akademie.

77 Der Reeser Platz

Relikt aus einer ganz anderen Zeit

Vielleicht wie bei keinem anderen Düsseldorfer Platz stellt sich bei ihm die Sinnfrage. Was soll dieser große, graue, für gewöhnlich menschenleere Platz, an dessen Ende stumpf gezeichnete Soldaten klobig und martialisch als Reliefs in Stein geschlagen sind, die mit geschulterten Gewehren so aussehen sollen, als zögen sie aus den Niederungen ihrer Existenz direkt in den nächsten Krieg?

Der Platz ist ein kurioses Denkmal für das »Infanterieregiment 39«, das als »Preußisches Füsilier-Infanterie-Regiment« ab 1866 in Düsseldorf-Derendorf stationiert war. Zeitweilig trug es als »Ehrennamen« den des Generals Ludendorff, der gemeinsam mit Adolf Hitler im November 1923 einen Putschversuch in München gegen die Weimarer Republik unternommen hatte.

Das Denkmal wurde kurz vor Beginn des Zweiten Weltkriegs, im Sommer 1939, eingeweiht, und Anfang des Krieges meißelte man die Namen der Städte in die Wand, an deren Eroberung und Vernichtung das Infanterie-Regiment in Osteuropa beteiligt war. Neuerdings erläutert eine kleine Aluminiumtafel, die vor den Reliefs aufgestellt ist, in dürren Worten, was es mit dem Nationalsozialismus und seiner Kriegsverherrlichung auf sich hat.

Der Platz war auch Aufmarschplatz der SA und SS und außerdem das militärische Schau-Zentrum der sogenannten Schlageter-Stadt, die hier, wenn es nach den Vorstellungen der Nationalsozialisten gegangen wäre, in ihren Anfängen entstand, aber nicht vollendet wurde. Der Freikorpskämpfer Albert Leo Schlageter war ganz in der Nähe auf der Golzheimer Heide im Mai 1923 standrechtlich von den französischen Besatzern erschossen worden. Von den Nazis wurde Schlageter zum »ersten Soldaten« und »Märtyrer« des Reichs stilisiert.

Nur wenige Schritte vom Reeser Platz entfernt wohnte auch der Gauleiter von Düsseldorf, Friedrich Karl Florian, der Düsseldorf zur »Festung« erklärt und fünf Männer hatte erschießen lassen, die im April 1945 die Stadt kampflos den Amerikanern übergeben wollten.

Adresse Reeser Platz | ÖPNV U 78, U 79, Haltestelle Reeser Platz | Öffnungszeiten ganzjährig | Tipp Ganz unpolitisch und unbelastet von den Erbschaften der Zeit geht es im nahen »Aquazoo« im Nordpark zu, in dem fast 500 Tierarten gezeigt werden.

78 Das Reiterstandbild auf dem Marktplatz

Kein Kaiser von Armenien

Man kennt ihn nur so – metallisch und grün. Und deshalb, vermutete ein Kenner der Düsseldorfer Befindlichkeiten, müsste man ihn, wenn er als barock kostümierte Erscheinung mit Allongeperücke und Wams in Karnevalsumzügen mitgeht, eigentlich immer grün anmalen, weil die Düsseldorfer sonst nicht wüssten, wer er sein soll.

Kurfürst Johann Wilhelm II. von der Pfalz, der Mann auf dem Pferd, wurde 1658 in Düsseldorf geboren, und da er die Stadt und seine Residenz nie aufgab (im Gegensatz zu seinen Nachfolgern), wurde er folkloristisch und leutselig zum niederrheinischen Jan Wellem. Das Volk nahm ihn – zu Lebzeiten wäre das natürlich nicht möglich gewesen – nach seinem Tod fest in die dicken Arme und strickte ihn zu einem volkstümlichen Herrscher um, der angeblich mit seinen Untertanen in der Poststation »En de Canon« (Zollstraße) am Tresen stand und zechte. Als er nicht mehr war, wusste man, was man an ihm, einem charmanten und konsequenten Schuldenmacher, gehabt hatte. Bis zu seinem Tod 1716 hatte Johann Wilhelm II. viel Geld in die Stadt gepumpt und ihr zu einer ersten, schönen Blüte verholfen. Verheiratet war er in zweiter Ehe mit der letzten Medici, was seine Neigungen beflügelte, eine in ihrer Zeit sehr bedeutsame Kunstsammlung, die von Reisenden oft beschriebene Gemäldegalerie, zusammenzutragen. Als Truchsess des Deutschen Reiches war er zeitweilig dessen höchster weltlicher Potentat, konnte aber diese theoretische Macht nie ins wirkliche Leben überführen – ihm fehlte das eigene Königreich, das einige seiner Schwestern durch Einheirat gewonnen hatten, und Jan Wellem und Anna Maria Luisa Medici folgten eine Zeit lang der kuriosen und rührenden Idee, ein Kaiserreich in Armenien zu errichten.

Als sein Standbild von Gabriel de Grupello gegossen wurde, sollen die Düsseldorfer – was sie sich später gern erzählten – aus Dankbarkeit ihr Tafelsilber mit eingeschmolzen haben, damit der Fürst auf dem Marktplatz überhaupt aufgestellt werden konnte.

Adresse Marktplatz | ÖPNV U 70, U 71, U 72, U 73, U 74, U 75, U 76, U 77, U 78, U 79, U 83, Bus 780, 782, 785, 805, 817, SB 50, Haltestelle Heinrich-Heine-Allee | Öffnungszeiten ganzjährig | Tipp Die Entwürfe des nahen Rathauses stammen vermutlich von Maximilian Pasqualini. Der älteste Teil des Rathauses wurde zwischen 1570 und 1573 von Baumeister Heinrich Tußmann erbaut.

79_Die Rheinwiesen

Denn alles Glück will Öffentlichkeit

Noch vor einigen Jahren waren die Rheinwiesen ganz klassisch besetzt: vormittags mehr oder weniger einsame Spaziergänger, die mit ihren Hunden sprachen, nachmittags Schulkinder, die sich immer über Regeln und überhaupt stritten, abends und an den Wochenenden knallharte Thekenmannschaften, lustig und mit Bauchansatz, deren locker bunte Liberos vor dem ultimativen Adduktorenabriss noch einmal über den Rasen und in die eigene sportliche Vergangenheit grätschten.

Zeitweilig ging es hier samstags sogar ganz prominent zu, als die Schlagerpunker der Toten Hosen inkognito aufliefen, um gegen ihre Roadies und ein paar ausgesuchte Fans zu spielen. Aber das ist lange her. Die klassische Grundsubstanz ist bis heute geblieben, und seit einigen Jahren, besonders an den schönen, lauen Sommerabenden, werden hier ausgefeilte Picknicke veranstaltet mit allem Drum und Dran wie auf britischen Galopprennbahnen. Es gibt phantastische Salate, opulente Kuchen, panierte Schnitzel, italienische Antipasti und eisgekühltes Flaschenbier. Türkisch inspiriert dampfen die mobilen Grillschüsseln in den Sommerhimmel wie bei der Belagerung von Konstantinopel. Zumindest nehmen die Türken für sich in Anspruch, die Welt an den kommunikativen Grill gebracht zu haben.

Familien, Cliquen und Freundeskreise bilden bunte Flecken, die von den Rheinterrassen bis zur Theodor-Heuss-Brücke auf dem Rasen liegen. Die offenen Claims sind mit Fahrrädern, Musik und manchmal auch mit Lampions und Fackeln abgesteckt, deren stark parfümiertes Öl genauso gut gegen Mücken sein soll wie die vielen Brandbeschleuniger, die hier zum Einsatz kommen.

Auf der Rheinmauer geht es etwas eleganter und vor allem vertikal zu: Hier sitzen und stehen die jungen auf sich selbst konzentrierten Paare, die noch eine gute und aufrechte Figur vor dem großen Showdown des Lebens machen möchten, bei Wein und manchmal auch ganz düsseldorferisch bei Champagner, der in metallenen Kübeln stilecht und selbstverständlich liegt.

Adresse Robert-Lehr-Ufer, zwischen Rheinterrassen und Theodor-Heuss-Brücke | **ÖPNV** U 78, U 79, Haltestellen Kennedydamm und Golzheimer Platz | **Öffnungszeiten** ganzjährig | **Tipp** Am anderen Ufer, auf der Oberkasseler Seite, findet man die Rheinwiesen in einer wilderen und romantischeren Variante, mit versandeten Buchten und knorrigen Pappeln.

80 »Robert Punkt«

Kein Schlusspunkt

Hinter dem Namen steht ein Punkt, und in Robert Hülsmanns langem Leben als Koch und Restaurateur sollte dieses Restaurant der Schlusspunkt sein, der er dann tatsächlich auch war. Hülsmann starb 2022. »Robert Punkt« ist sein Vermächtnis und gleichzeitig noch heute die tägliche Hommage seiner alten Mitarbeiter an ihn.

Begonnen hatte alles in den 1970er Jahren, als sich Hülsmann mit »Robert's Restaurant« zunächst in die internationale Sterneküche hochkochte, dann mit dem Büdericher »Lindenhof« ein frühes niederrheinbekanntes Kult-Restaurant eröffnete, um schließlich mit »Robert's Bistro« im Düsseldorfer Hafen die Wünsche der bourgeoisen Bohème (und auch die vieler frankophiler Gourmets) auf den Punkt zu kochen. Das Bistro war unerhört laut und noch viel enger und abends so gestapelt voll, dass es einem vor Begeisterung die Sprache verschlug. Und es gab unfassbare, bis dahin in Düsseldorf fast unbekannte Speisen zu essen: Entenmägen und gefüllte Kalbszungen, Taschenkrebse und Bulots, Andouillette und Stockfischpüree, aber auch ganz großmütterlich vertraute wie Rindsrouladen, Möhrengemüse und Rote Grütze. Endlich hatte man einen Begriff davon, was Küche in Düsseldorf sein sollte: eine satte und in jedem Detail delikate Mischung aus französischer, belgischer und niederrheinischer Küche.

Dann gab es einen Schnitt, Hülsmann verschwand im Privaten. Eines Tages war er wieder da und eröffnete mit seiner Tochter und seiner Frau aus früheren Lindenhof-Tagen die »Brasserie Hülsmann« in Oberkassel. Die noch heute angesagte Adresse am Belsenplatz. Alte Lieben rosten bekanntlich nicht, neigen aber dennoch gelegentlich zu dissonanten Schlussakkorden. Hülsmann wechselte wieder die Rheinseite. Die Szene strahlte vor Glück. Hülsmann war zurück auf der richtigen Seite, und seitdem stehen die Leute Schlange, um einen Tisch zu bekommen. »Robert Punkt« bleibt auch nach seinem Tod die großartige Zusammenfassung seines langen Lebens als Düsseldorfs legendärster und beliebtester Koch.

Adresse Rathausufer 10, Tel. 0211/15207834, www.restaurantrobert.de | ÖPNV Bus 726, Haltestelle Alter Hafen | Öffnungszeiten Mi–So 12–23 Uhr | Tipp Großartige Küche mit bestem Preis-Leistungs-Verhältnis und deshalb immer gut besucht, am Wochenende mit langer Schlange auf dem Bürgersteig: »Münstermann Kontor«, Hohestraße 11 (Nähe Carlsplatz).

81 Die Rossebändiger

Ende Gelände

Zur Propagandaschau »Schaffendes Volk« wurden sie vor dem Haupteingang des Ausstellungsgeländes, des heutigen Nordparks, aufgestellt. Und wären sie nicht so groß, mit Sockel zwölfeinhalb Meter, wären sie sehr wahrscheinlich schon vor der Eröffnung am 8. Mai 1937 wieder entfernt worden. Die von Peter Grund, dem damaligen Direktor der Düsseldorfer Kunstakademie vorgeschlagenen und dann von Edwin Scharff entworfenen Skulpturen gefielen nämlich nicht. Sie entsprachen nicht den Vorstellungen nationalsozialistischer Kunst, und Hitler, der diese Vorstellungen selbst formuliert hatte, musste am Tag der Eröffnung durch zwei noch unfertige Figuren hindurchgehen, von denen eine nur sehr mäßig und plump aus dem Stein herausgehauen war. Die Pferde sahen nicht besonders wild und ihre Bändiger nicht gerade heroisch aus.

Die Diskussion über die Pferde hatte dazu geführt, dass auch andere Plastiken in der Ausstellung nochmals überprüft wurden, bevor Hitler mit seiner Entourage zum Festakt erschien. Von parteitreuen Künstlern angefertigt, sahen auch die Figuren der »Ständischen«, die noch heute teils im Park am Wasserbecken zu sehen sind, nicht besonders gelungen aus, und die besonders missglückten ersetzte man durch Blumenschalen.

Die Pferde wurden abfotografiert und in ihrer unvollendeten Form in der Münchner Ausstellung »Entartete Kunst« gezeigt. Das hatte natürlich Folgen. Scharff versuchte, sich zu rechtfertigen und schrieb persönlich an den Führer. Peter Grund, der auch die damals so genannte Schlageter-Siedlung (die heutige Golzheimer) entworfen hatte, in der Gauleiter Florian wohnte, stellte sich gegen Scharff. Die Partei stellte sich gegen Peter Grund. Seinem baldigen Nachfolger Emil Fahrenkamp fiel plötzlich auf, dass der Akademieprofessor Edwin Scharff »auf bolschewistischem Boden stehe«. Scharff musste die Akademie verlassen, ebenso Peter Grund. Die Rosse und ihre Bändiger stehen noch heute.

Adresse Kaiserswerther Straße 365 | ÖPNV U 78, U 79, Haltestelle Nordpark/Aquazoo | Öffnungszeiten ganzjährig | Tipp Der Aquazoo ist Naturkundemuseum und Zoo. In verschiedenen Themenräumen und auf fast 7.000 Quadratmetern werden etwa 600 Tierarten in Aquarien und Terrarien gezeigt.

82 Der S-Bahnhof Wehrhahn

Im Dunkel

Die große Kreuzung vor der Elisabethkirche ist kein schöner Ort. Er ist sehr banal, nachkriegsverbaut, laut und manchmal kreischend, wenn unten die Züge und oben die Straßenbahnen fahren, tatsächlich so, wie man sich früher Großstädte, als sie noch faszinierend waren, in ihren unaufhörlichen Bewegungen vorstellte. Heute schaut man auf tote, teils verwachsene Gleise, auf Brombeerhecken, in denen Plastik hängt, schlechte Graffitis und eine Menge Müll, der von oben heruntergeworfen wurde. Der Zugang zum S-Bahnhof führt über eine lange Fußgängerbrücke. Von hier aus sieht man das neue Stadtviertel, das weiß und glänzend auf dem alten Gelände des Güterbahnhofs entstanden ist.

Niemand verweilt lange an diesem immer windigen Ort. Am 27. Juli 2000, an einem Donnerstag vor 15 Uhr, soll aber jemand eine ganze Weile auf einem Stromkasten gesessen und die Leute beobachtet haben, die zum S-Bahnhof gingen. Am Geländer hinter dem Durchgang hängt eine Plastiktüte. Beachtet hat sie vermutlich niemand. In der Plastiktüte befindet sich eine Rohrbombe. Als eine Gruppe die Stelle passiert, zündet jemand die Bombe. Zehn Menschen werden zum Teil schwer verletzt, und eine schwangere Frau verliert ihr Kind.

Die Opfer sind Schüler eines Deutschkurses für Ausländer. Sie kommen aus den ehemaligen Sowjetstaaten, und einige sind jüdischen Glaubens. Paul Spiegel, der Vorsitzende des Zentralrats der Juden in Deutschland, ruft zum »Aufstand der Anständigen« auf. Es gibt Demonstrationen und Bekenntnisse, viele gute Worte, aber keine brauchbare Spur. Einig ist man sich dann im Vergessen. Denn erst 16 Jahre später kehrt das Attentat in das Bewusstsein der Leute zurück, als ein Militariahändler angeklagt, aber in einem bundesweit beachteten Prozess freigesprochen wird.

Seit Mai 2020 erinnert eine kleine Gedenktafel über den Gleisen neben dem Eingang zum Bahnhof an das besonders feige und niederträchtige Verbrechen. Den Mann auf dem Stromkasten konnte man bis heute nicht identifizieren.

Adresse Ackerstraße | ÖPNV S 1, S 6, S 11, Straßenbahn 709, Haltestelle Birkenstraße | Öffnungszeiten ganzjährig | Tipp Sehr speziell, plüschig, opulent und mit einigen britischen Anklängen zelebriert die »Lupin Gin Bar«, Ackerstraße 109, trinkfeste Gemütlichkeit.

83 Das Rotthäuser Bachtal

Feuchte Schönheit

Es ist in den letzten Jahren Mode geworden, sich theoretisch mit dem Gehen/Wandern zu beschäftigen. Es gibt Geh-Meditationen und Geh-Therapien, Anleitungen zum Gehen und solche zum Weitergehen. Gehen wird als Lebenskunst betrachtet und sogar als Möglichkeit, ein wildes und poetisches Leben zu führen. Die Kunst des Gehens/Wanderns auf Düsseldorfer Stadtgebiet besteht darin, den vielen Umgehungsstraßen, Unterführungen, Überführungen, Zubringern und Strommasten auszuweichen. Die Abschnitte, die die schöne Illusion fördern, sich vollkommen in freier Natur zu befinden, sind bescheiden und von relativ kurzen Distanzen. Selbst im Grafenberger und im Aaper Wald sind sie beschränkt, auch wenn manche Schleichpfade direkt ins Bergische Land führen, wo man einer beeindruckend großen Anzahl von Nordic Walkern begegnen kann.

Der vielleicht schönste Weg ist der durch das Rotthäuser Bachtal. Das Tal ist seit 30 Jahren Naturschutzgebiet und wächst langsam in seine Ursprünglichkeit zurück. Nach einem kräftigen Regen ist das ausgedehnte Feuchtbiotop mit Bach und Fischteichen streckenweise knöcheltief morastig, was es bei Mountainbikern und Outdoor-Freaks zu einer ersten Adresse macht.

Vom Parkplatz hinter St. Margareta in Gerresheim (als eine mögliche Variante, eine andere schöne gibt es von der »Gaststätte Kaiserhaus«, Ekrather Straße aus) ist man nach wenigen Metern in einem fotogenen Hohlweg, der ansteigend auf eine lichte Höhe führt. Von hier aus hat man einen umfassenden Blick ins und über das Rotthäuser Tal und nach Papendell, dem einsam gelegenen Bauernhof. Hoch über Papendell, auf der anderen Seite direkt vor dem Wald, hatte der in diesem Buch gelegentlich erwähnte Düsseldorfer Serienmörder Peter Kürten in den 1920er Jahren eines seiner Opfer vergraben. Durch das Tal vorbei an Papendell führt der Weg nach Haus Morp oder weiter hinauf ins Neandertal. Schön und leicht bei jedem Wetter zu gehen ist die Abzweigung an der kleinen Brücke rechts zurück nach Gerresheim.

Adresse Startpunkt Gerresheim (Parkplatz hinter St. Margareta) | ÖPNV Bus 733, 738, Haltstelle Rotthäuser Weg | Öffnungszeiten ganzjährig | Tipp Fast am Ausgangspunkt (der auch Endpunkt sein kann), am Alter Markt direkt gegenüber der Basilika St. Margareta, liegt das neue Gasthaus »Herr Knillmann«.

84 Der »Salon des Amateurs«

Kunst kommt von Kneipe

Vermutlich waren alle Stars der nahen Kunstakademie irgendwann hier, gelegentlich drehen sich die Köpfe, wenn die eigene erhoffte und bunt ausgemalte Zukunft in Gestalt von Gursky oder Lüpertz am Tresen Platz nimmt oder berühmte Professoren nach erfolgreichen Ausstellungen und gewonnenen Schlachten ihre Klassen umarmen und von dem phantastisch schrillen Leben in der Welt der Kunst da draußen erzählen.

Peter Doig, der damals teuerste Maler der Welt, machte in seinen Düsseldorfer Jahren als Akademieprofessor im »Salon« den DJ, und die Fotokünstlerin Katharina Sieverding porträtierte ihren Sohn, der hinter den Turntables das Gleiche tat. Mächtige Galeristen und Talentsucher zeigen sich hier lässig beim Schaulaufen während des jährlich stattfindenden Rundgangs im Februar, und auch die hyänenhaften Art ConsulterInnen schleichen manchmal zwischen den Tanzenden herum und hoffen auf Beachtung, wenn sie ihre Visitenkarten verteilen.

Aber eigentlich ist der »Salon« die Kneipe und Bar der Kunststudenten und von jener beiläufigen Coolness, die eine House-Beschallung ganz zwangsläufig mit sich bringt. Dennoch zeichnet er in diesen eher ruhigen Tagen die wilde, exaltierte und exzessive Traditionslinie der Düsseldorfer Künstlerkneipen fort, die im Dunstkreis der Akademie aufblühten und später, nach ihrem Ableben, die Nostalgien vieler heroischer Leben beseelten.

Der »Salon« ist zumindest vorläufig die letzte Künstlerkneipe in einer langen Reihe großartiger Erinnerungen: »Domino«, »Ratinger Hof«, »Creamcheese« und in seinen frühen Tagen auch das alte punkige »Op de Eck«, bevor es vom Hafen in die Kunstsammlung gegenüber wechselte und dort einfach einschlief.

Die Terrasse des »Salons« ist im Sommer bis über die Treppen der Kunsthalle voll besetzt, und nach Vernissagen und Kunstevents ist er einer der zuverlässigen Anlaufpunkte, an denen man alle diejenigen treffen kann, die man sonst verpasst hätte.

Adresse Grabbeplatz 4, www.salondesamateurs.de | ÖPNV U 70, U 71, U 72, U 73, U 74, U 75, U 76, U 77, U 78, U 79, U 83, Bus 780, 782, 785, 805, 817, SB 50, Haltestelle Heinrich-Heine-Allee | Öffnungszeiten Fr, Sa ab 22 Uhr | Tipp Vom Salon aus schaut man auf die Rückenansichten der vier Karyatiden, Steinfiguren des Bildhauers Leo Müsch, die einst das imposante Portal trugen und die der letzte Rest der alten Düsseldorfer Kunsthalle sind, die vor ihrer Zerstörung an der Heinrich-Heine-Allee / Ecke Grabbeplatz stand.

85 Die Sammlung Philara

Alles ist Kunst

Elektro Müller und Glas Lennarz – in beiden Hinterhöfen ist nicht drin, was außen draufsteht. Bei Müller war es das mittlerweile weltberühmte und nicht mehr existierende Kling-Klang-Studio der Techno-Pop-Kapelle »Kraftwerk«, bei Glas Lennarz ist es das Café, das zur noch nicht ganz so berühmten Sammlung Philara gehört. Für Puristen ist es eines der schönsten Cafés in Düsseldorf, und da es wenig frequentiert wird, ist es für Leute, die zu Hause arbeiten, aber doch in Gesellschaft sein möchten, ein geradezu idealer Ort – der, was nicht ganz unwichtig ist, von der unfassbar guten Kultbäckerei Bulle bespielt wird.

Würde man es sich nicht selbst verbieten – man könnte vor Neid erblassen. Nicht nur das Café, auch die Sammlung ist reine Privatsache. Seit mehr als zwei Jahrzehnten sammelt der Immobilenmann Gil Bronner Kunst. Er kann das ausgiebig und im großen Stil tun. Er kauft, was ihm gefällt, und zeigt es anderen. Die Sammlung, die charmanterweise eine Wortschöpfung aus den Vornamen seiner Kinder ist, umfasst heute etwa 1.500 Werke aus allen Bereichen der gegenwärtig aktuellen Kunstszene. Gezeigt wurden und werden sie in wechselnden Ausstellungen auf einer insgesamt mehr als 2.000 Quadratmeter großen Fläche. Berühmte Leute sind hier am Start, nationale und internationale Größen, aber auch viele Düsseldorfer Eigengewächse, die, wenn man Bronner und seinen Instinkten folgt, noch eine große Zukunft vor sich haben werden. Er zumindest tut einiges dafür.

In Flingern scharen sich Galeristen, Sammler und natürlich viele junge Künstler und Künstlerinnen um die alte Glaswerkstatt, die so schön umgebaut ist, dass sie vom Bund Deutscher Architekten 2017 ausgezeichnet wurde und 2018 den Architekturpreis des Landes Nordrhein-Westfalen erhielt.

Aber da sich Kunst nicht an Wänden oder auf Sockeln erschöpft, gibt es Lesungen, Vorträge, Diskussionen und Konzerte. Der phänomenale Igor Levit, einer der weltbesten Pianisten, spielte im November 2016 in dieser Glasfabrik.

Adresse Birkenstraße 47a, Tel. 0211/24862721 | ÖPNV Straßenbahn 709, Haltestelle Birkenstraße | Öffnungszeiten Fr 16–20 Uhr, Sa und So 14–18 Uhr | Tipp Schräg gegenüber, Birkenstraße 46, gibt es die alte Gaststätte »Schmalbauch«: griechisch-bürgerliche Küche mit Live-Übertragungen zu allen wichtigen Sportereignissen.

86 Die »Schicke Mütze«

In der Ausreißergruppe

Der Radsport hat in Düsseldorf keine nennenswerte Bedeutung. Dennoch sieht man im Stadtbild immer wieder einzelne Fahrer, die wie Profis aussehen und ohne Hauptfeld unterwegs sind, meistens Männer auf ihren Rennmaschinen, die auf den vielen Deichen und auf Pop-up-Radwegen die vor ihnen Fahrenden zur Seite brüllen.

Verwundert liest man, dass es früher mindestens fünf Radrennbahnen in der Stadt gegeben hat. Die letzte wurde 1937 abgerissen. Unter viel Gestrüpp soll noch heute in Lörick die Nordkurve zu erahnen sein, in der die Fahrer mehr als 100 Kilometer pro Stunde draufhatten. Es gab schwere Unfälle, drei Tote, und zu allem Überfluss hatte in der Bahn Adolf Hitler eine seiner fatalen Reden gehalten.

Der ehemalige, in Düsseldorf geborene Profi Sven Teutenberg fuhr zwar große Runden, 2001 die Tour de France, aber seine Platzierungen reichten nicht aus, um hier das ganz große Feuer zu entfachen.

In das Bewusstsein einer breiteren Öffentlichkeit kam der Radsport erst wieder, als zur allgemeinen Überraschung die Tour de France 2017 in Düsseldorf startete. Grand Départ wurde das Ereignis gut rheinisch genannt, und Kraftwerk, die 1970 gegründete Electropop-Band, angeführt durch den Gralshüter der eigenen Geschichte und bekennenden Radfan Ralf Hütter, spielte ihren alten Hit »Tour de France« von 1983/2003 vor großem Publikum.

Je kleiner aber die wirkliche Gemeinde, umso wichtiger ist der Ort der gemeinsamen Andacht. Die »Schicke Mütze« ist dieser Ort. Man kann hier über Fausto Coppi und Gino Bartali, die großen Rivalen am Galibier, meditieren, auch wenn das ein Menschenleben her ist, über Windschattenspiele und Dopingsünden. Und die Mechaniker wissen wirklich alles. Nichts Radtechnisches bleibt ihnen verborgen. Wer das Optimum herausholen möchten, kann hier Räder und Equipment kaufen, alles reparieren oder sich beraten lassen.

Adresse Oststraße 119 (Hinterhaus), Tel. 0211/87663970, www.schickemuetze.de | ÖPNV U 70, U 75, U 76, U 77, U 78, U 79, Haltestelle Oststraße | Öffnungszeiten Mo–Sa 11–18 Uhr | Tipp Da das angekündigte Mützen-Café im Hof noch auf sich warten lässt, bietet sich die Kaffeerösterei »Röstzeit« nebenan als ambitionierte Alternative an.

87_Der Schlossturm

Der große Schlaf

Es ist natürlich ein Jammer, dass vom Düsseldorfer Schloss nichts blieb als ein einzelner Turm. Immerhin war es die rheinische Residenz der Kurfürsten von Pfalz-Neuburg, und wenn es nach den Tagträumen des populären Jan Wellem gegangen wäre, gäbe es heute auf dem Burgplatz ein zweites Versailles, eine Schlossanlage, die sich vom Rheinufer bis zum Jägerhof, am Ende des östlichen Hofgartens in Pempelfort, ausdehnen würde.

Aber in seiner langen Geschichte, die mit dem ersten Schloss der Grafen von Berg im 14. Jahrhundert begann, wurde es immer wieder zerstört: durch Feuer und feindlichen Beschuss und einmal sogar durch die Explosion des nahen gut gefüllten Pulverturms, in den ein Blitz eingeschlagen war. 1872 brannte es zum letzten Mal, diesmal bis auf die Grundmauern. Noch viele Jahre stand die ausgebrannte Ruine fensterlos und feucht, schwarz verkohlt und mit dunklen Geschichten bedacht mitten in der Altstadt.

Nur der Schlossturm war bei dem Brand mehr oder weniger unversehrt geblieben, ein Umstand, den man eventuell, so wurde vermutet, Jacobe von Baden zu verdanken hatte, der Ehefrau des wahnsinnigen Herzogs Johann Wilhelm I., die im Turm ermordet worden war. Als »Weiße Frau« erschien sie nachts und lange nach ihrem Tod den Düsseldorfern an den Fenstern des Turms, hell durchweht, und sorgte in Geschichten dafür, dass die Düsseldorfer Kinder zeitig ins Bett gingen. Der preußische König Friedrich Wilhelm IV. soll sich persönlich der Verschönerung des angeschlagenen Turms angenommen und 1845 den Aufbau der Doppelarkaden im vierten Stockwerk entworfen haben. Im Schlossturm befindet sich heute das Schifffahrtmuseum. Auf fünf Ebenen zeigt es, auch als digitales und interaktives Museum, die Geschichte der Düsseldorfer Rheinschifffahrt und deren vielschichtige Bedeutung für die Stadt sowie die merkantilen Interessen ihrer Bewohner. Im obersten Stockwerk ist ein Café untergebracht, das einen weiten Blick über den Rhein und die Dächer der Altstadt ermöglicht.

Adresse Burgplatz 30, Tel. 0211/8994195, www.freunde-schifffahrtmuseum.de | ÖPNV U 70, U 71, U 72, U 73, U 74, U 75, U 76, U 77, U 78, U 79, U 83, Bus 780, 782, 785, 805, 817, SB 50, Haltestelle Heinrich-Heine-Allee | Öffnungszeiten Di–So 11–18 Uhr | Tipp Gegenüber, am Burgplatz 1, im ehemaligen Gebäude der alten Kunstgewerbeschule, befindet sich die neue Akademie-Galerie, die ausschließlich den Akademie-Professoren und ihrer lokalen Nabelschau vorbehalten ist.

88 Die Schöne Aussicht

Die Stadt im Weichzeichner

Da unten liegt sie also, die schöne Stadt! Der Dunst der Tage zeichnet sie weich und eigenartig distanziert, ergraut und manchmal etwas blassrot, wenn die Sonne auf die Dächer scheint. Es ist, als ob sie leicht atme, ruhelos und gelegentlich, wenn das Hupen der Autos in der Ferne zu hören ist, etwas aufgebracht und immer ungeduldig.

Von diesem Aussichtspunkt hat man die Stadt nach Westen im Blick, und an sehr klaren Tagen scheint er ins Unendliche bis weit hinter den Horizont zu gehen. Dann versucht man, ihre Straßen und markanten Stellen in die richtigen Verhältnisse zu bringen, wie man sie kennt, wenn man unten durch sie hindurchgeht. Man muss sich von hier aus an ihren repräsentativen Bauten orientieren, die sich klar abzeichnen, an den Kirchen und Türmen, die gegen die neuen Wahrzeichen aussehen, als seien sie irgendwann nicht mehr gewachsen.

Überhaupt ist man überrascht, dass vieles von hier oben ganz anders aussieht, entrückt, an anderer Stelle und manchmal unvermutet nah, als könnte man die Distanzen mit einer Armbewegung überwinden. Die Stadt scheint verkürzt und enger als gewohnt, aber auch großflächiger und weiter in ihren übergangslosen Grauzonen, die sich irgendwo verlieren.

Wenn die Wolken tief hängen oder die Sommergewitter über sie hinweg nach Osten ziehen, hat sie einen dramatischen Ausdruck, der noch verstärkt wird durch die vielen und manchmal nervösen Lichter und plötzlichen Dunkelheiten, die sich im Glas ihrer Hochhäuser und Neubauten spiegeln.

Man sieht nicht alles. Die Bäume und Büsche stehen in der Sicht, die man sich wünscht, um sie ganz zu erfassen, und so denkt man sich von hier oben die Stadt, wie sie einem am besten gefallen würde.

Leider liegt selten Schnee. Denn weiß und eingepudert hat sie jenen monochromen Charme, der ganz niederrheinisch sein kann, wie ein viel zu groß geratenes Bild von Pieter Brueghel.

Adresse Grafenberger Wald, Eingang Ernst-Poensgen-Allee | ÖPNV Bus 730, Haltestelle Sportmeile Grafenberg | Öffnungszeiten ganzjährig | Tipp Von hier aus, immer bergauf Richtung Osten, erreicht man die Grafenberger Galopprennbahn, die mit ihrer großartigen Lage eine der schönsten in Deutschland ist.

89_Der Schwanenmarkt

Mit Heinrich Heine

Der Name ist einfach zu schön, und niemand kann ihn mehr erklären. Schwäne gibt es nämlich keine, nur ein paar Tauben und manchmal Hunde, die an milden Rentnern ziehen. Ein Marktplatz war er nur für kurze Zeit, denn seine Lage am Rand der damaligen Stadt war für Kaufleute und ihre Kunden zu unattraktiv, und die marktschreierische Konkurrenz vom nicht sehr weit entfernten Carlsplatz tat alles, um ihn zu verhindern.

Der Platz selbst, der einst die Carlstadt nach Süden abschloss, spricht auch heute eher den Möglichkeits- als den Realitätssinn an. Denn wie so vieles in dieser Stadt könnte er architektonisch beeindruckend sein mit seiner großen Öffnung zum Kaiserteich und den klassizistischen Häusern an der Westseite, die noch erhalten sind. In seinen besten Zeiten im 19. Jahrhundert lebte hier in Nachbarschaft zu anderen Unternehmern der Mulvany-Clan, der aus Irland eingewandert war und Düsseldorf zu einem industriellen Zentrum am Rhein ausbaute.

Aber das kleinliche und unsensible Denken, das lokalpolitisch um jede Parkbox besorgt ist und jeden Glascontainer als Lebenserleichterung empfindet, behindert diesen Platz und hat ihn kurios verstellt. Eine Art Spielkäfig mit Büschen und Bäumen verhindert den schönen und offenen Blick, den er sonst bis zum Ständehaus (Kunstsammlung K21) in die Friedrichstadt hinein freigäbe. Man muss sich den Platz also in seiner großzügigen, eleganten Gesamtanlage denken oder um ihn herumgehen, um ihn zu erahnen.

Heinrich Heines Totenmaske, überdimensioniert und geviertteilt, vom Düsseldorfer Bildhauer Bert Gerresheim entworfen und in Bronze gegossen, das umstrittene und viel zu spät, erst 1981 zu Heines 125. Todestag gekommene Heine-Denkmal, steht auf dem abschließenden Rasenstück zur Haroldstraße. Die Totenmaske präsentiert sich wie eine Art Vexierskulptur, die man sich von verschiedenen Standpunkten aus selbst zusammensetzen muss. Manchmal, und Heine hätte das vielleicht gefreut, hängen sich Kinder hinein und wackeln mit den Beinen.

Adresse Schwanenmarkt | ÖPNV U 71, U 72, U 73, U 83, Straßenbahn 705, 706, 708, 709, Bus 726, NE 7, Haltestelle Graf-Adolf-Platz | Öffnungszeiten ganzjährig | Tipp Sie ist ohne Vergleich, beliebt bei alt und noch Älteren, ein letzter Ort des abendlichen Wohlbefindens für Leute, die in ihrer Jugend Opposition machten und an die Heilkraft von Kunst glaubten in der »Destille« kann man außerdem sehr gut und sehr unkompliziert essen (Bilker Straße 46).

90_Die »Schwarzwald-Christel«

Pink Monday auf der Kirmes

In den alten, spießig vernagelten Zeiten, als es noch gefährlich sein konnte, sich selbst vor anderen zuzugeben, sollen sich bei der »Schwarzwald-Christel«, vielleicht aus Neigung, vielleicht aus Vorsicht, schon Schwule und Lesben getroffen haben. Denn das biedere Haxen-Ambiente mit Schwarzwälder Kirsch, Schunkelmusik und feschen Dirndl-Gedanken eröffnete alle Möglichkeiten, sich ausgelassen zu bekennen oder auch ausgelassen zu verbergen. Wie in keiner anderen Location auf der Oberkasseler Kirmes knallen aus der »Schwarzwald-Christel« noch immer die legendären Schwulenschlagerhymnen über die vollgestellte Radschlägerallee, der schweißtreibenden Hauptstraße, als sei die Zeit für immer stehen geblieben und als sei Marianne Rosenberg – die unüberhörbare Stimme der alten Pioniertage – noch immer 17. Die Evergreens der deutschen Schlagerparaden lassen natürlich den etwas enttäuschenden Verdacht aufkommen, dass die Jungs in Leder und Jeans, die süßen Glatzen und verspäteten SM-Cowboys, eigentlich ganz biedere Kerle sind, die den Kuchen immer mit Sahne möchten.

Beim Pink Monday, dessen Einzugsgebiet ganz NRW erfasst, ist die »Schwarzwald-Christel« dennoch das feierwütige Epizentrum eines nachhaltigen Bebens, das die ganze Kirmes mit ihren Festzelten, Bierständen und Imbisshütten erschüttert. Ein Klassiker mit Kultstatus, vor dem sich Tunten, Heten, Transen und voluminöse Drag Queens bis spätnachts in den Armen liegen, auch wenn es in anderen Zelten heute intensiver und technolastiger zugeht.

Die »Christel« ist noch immer der Kontakthof, in dem gecheckt wird, was mit wem gehen könnte. Schwul sein ist nicht nur eine Neigung, sondern auch eine Lebenseinstellung, die unter den allseits gehissten Regenbogenflaggen das schiere und grenzenlose und natürlich unkonventionelle Vergnügen sucht. Also wird die ganze Kirmes am Pink Monday gerockt.

Adresse Oberkasseler Rheinwiesen, zwischen Oberkasseler Brücke und Rheinkniebrücke | **ÖPNV** U 70, U 74, U 75, U 76, U 77, Bus 805, Haltestelle Luegplatz | **Öffnungszeiten** jährlich in der dritten Juliwoche | **Tipp** Der ganz normale Wiesenirrsinn wird in allen Festzelten gnadenlos ausgelebt. Das »Füchschen-Zelt« rangiert unter Kirmesgenießern allerdings direkt hinter der »Christel« auf Platz 2.

91__Die »Sennhütte«

Intercity-Almrauschen

Die »Sennhütte« ist so klein, dass es einem schon fast peinlich ist. Man hört sich selbst ständig reden und die anderen natürlich auch. Aber wenn man flüstert, wirkt es so, als hätte man etwas zu verbergen. Auch deshalb hört man den anderen gern zu, die es tun. Alles wirkt so geheimnisvoll, so intim und manchmal so facebookmäßig krachend banal, dass man sich selbst und anderen am liebsten ins Wort fallen würde. Denn in der »Sennhütte« trifft man abends auch viele, die gern reden, aber nichts zu sagen haben.

Im Sommer sitzt man deshalb gern im Freien, in einem schmalen, kargen Garten, der im Winter zum Wintergarten wird, direkt oberhalb der ICE-Strecke, oder draußen vor der Tür auf dem Trottoir. Wenn die Züge unten vorbeirasen, hat man ein intensives Gefühl von Geschwindigkeit, Reiselust und Großstadt. Hier ist Düsseldorf cool, schräg und ungewöhnlich, aber auch herzerwärmend gemütlich und dennoch ein expressiver Ort für Exzentriker und Stadtneurotiker. Und natürlich einer für Eisenbahn-Fans.

Ebenso irritierend wie die Aussicht auf Oberleitungen und das neue Quartier Central auf der anderen Seite der Gleise ist der Umstand, dass die winzige »Sennhütte«, die in einem früheren Leben nur eine kleine Kneipe mit Spielautomat war, eine eigene Küche hat. Man fragt sich, wo sie wohl ist. Passend zum Namen und den damit verbundenen alpenländischen Assoziationen gibt es meist handfeste und bodenständige Gerichte: Semmelknödel mit Wirsing oder Wiener Schnitzel mit schlotzigem Kartoffelsalat, weshalb er hier schwäbisch und nicht wienerisch heißt.

Früher tranken sich Männer hier gelegentlich Mut an oder begossen zuweilen auch lautstark ihre potenten Wundertaten. Der alte Rethelpuff lag schräg gegenüber. Mittlerweile ist er abgerissen. Aber der Geist dieser alten Kneipenzeit weht trotz Alpenveilchen und röhrendem Hirsch herauf, wenn sich ganze Tischbesatzungen mit sogenannten »Zündkerzen«, einem hochprozentigen Spezialgetränk, für das die Hütte bekannt und beliebt ist, in den Nachthimmel schießen.

Adresse Rethelstraße 96, Tel. 0211/13950141, www.zur-sennhuette.de | ÖPNV S1, S6, S11, Straßenbahn 706, Haltestelle S-Bahn Zoo | Öffnungszeiten Mo–Do 18–1 Uhr, Fr und Sa 18–3 Uhr, So geschlossen | Tipp Wer geruchstechnisch einwandfrei wahrgenommen werden möchte, findet in der »Parfümerie Becker«, Rethelstraße 148, ganz ausgezeichnete und fein abgestimmte Angebote.

92 Die Seufzer-Allee im Hofgarten

Der Lohn des Wartens

Am Ende des 18. Jahrhunderts schrieb ein Reisender: »Dieser Garten verdient unter allen öffentlichen Spaziergängen, welche wir auf unserer Reise getroffen, den Vorzug, sowohl wegen seiner eigentümlichen Schönheit als wegen der Menge von einheimischen und fremden Besuchern.«

Das hat sich auch nach 200 Jahren kaum verändert. Entstanden war der Hofgarten 1769 nach Plänen des lothringischen Architekten Nicolas de Pigage (1723–1796). Anfang des 19. Jahrhunderts wurde der Park von Maximilian Friedrich Weyhe erweitert. Den ursprünglich klassisch-französisch angelegten Park mit drei Alleen, die von Schloss Jägerhof ausgingen, betrat man durch ein Tor gegenüber dem Schloss oder durch die noch sichtbare Toreinfahrt zwischen den beiden Flügeln des Hofgärtnerhauses, dem heutigen Theatermuseum. Die Alleen waren die Jägerhofstraße, die damals noch in den Park integriert war, die große Reiterallee und die Seufzer-Allee, die parallel zur kanalisierten Düssel läuft. Als es noch keine virtuellen Blind Dates, Chatrooms und Communities gab, blieb den altmodisch analogen Menschen nichts anderes übrig, als sich leibhaftig zu verabreden und zu hoffen, dass das Rendezvous auch zustande kam. Die Seufzer-Allee war dafür ein idealer Ort, romantisch, bürgerlich aufgeräumt mit Blick auf die eleganten Patrizierhäuser gegenüber und etwas melancholisch eingestimmt in ihrer Randlage, abseits der großen Promenaden, auf denen sich das offizielle Düsseldorf Arm in Arm zeigte. Auf der Seufzer-Allee verabredeten sich die Paare, die eigentlich noch keine waren, sich aber der Hoffnung hingaben, hier den Richtigen beziehungsweise die Richtige für den Kampfplatz der Ehe zu finden. Man wartete und seufzte der Zeit hinterher, die wartend schon vergangen war; und wenn in Erfüllung ging, was man sich erhoffte, seufzte man ebenso wie in den Momenten, wenn die Erkenntnis sich verdichtete, dass man besser zu Hause geblieben wäre.

Adresse Hofgarten, parallel zur Düssel und zur Goltsteinstraße | ÖPNV U 71, U 72, U 73, U 83, Straßenbahn 701, 705, 706, Haltestelle Schadowstraße | Öffnungszeiten ganzjährig | Tipp Stimmungsvoll (aber nicht ganz so gefühlsduselig, wie es die historische Seufzer-Allee war) geht es am Musikpavillon zu, dessen kostenlose Sommer-, Jazz- und Ethno-Konzerte für eine volle Wiese sorgen.

93 Die Siedlung Freie Erde

Der lange Sommer der Anarchie

Der Eller Forst ist wie viele moderne Naherholungsgebiete auch didaktisch aufgebaut: Man wandert, sofern man Lust dazu hat, staunend über informative Baum- und Pflanzenpfade, und auf bunten, akribisch gemalten Lehrtafeln ist dargestellt, was im Unterholz kriecht und auf den Bäumen brütet. Ebenso bunte Nordic Walker und Jogger kreuzen immer wieder atemlos die Wege, und im Sommer kann man beobachten, wie mit allen Badeutensilien bepackte Radfahrer, vom nahen Strand des Unterbacher Sees angezogen, am erlaubten Tempolimit durch den Forst jagen. Früher, in den 20er Jahren des letzten Jahrhunderts, als der heute sattgrüne Wald noch verstrupptes Brachland war und einem rheinischen Kiesbaron gehörte (aus dessen renaturierter Kiesgrube der Unterbacher See wurde), schlug hier das wilde, durch keine Konvention gebundene Herz der Düsseldorfer. Anarchistische Arbeiter aus Eller hatten, unterstützt von Künstlern des »Jungen Rheinland« und vom Ensemble des Düsseldorfer Schauspielhauses, ein Stück Land in einer Nacht-und-Nebel-Aktion besetzt und ein festes Haus errichtet. Am Wochenende von mehreren hundert Ausflüglern bestaunt, bewundert und verachtet, hatten die neuen »Wilden« eine provokante Gegenkultur errichtet, in der Gleichheit, Besitzlosigkeit und gelegentlich auch freie Liebe (ein besonders aktiver Kommunarde soll sieben Frauen und ungezählte Kinder gehabt haben) wie hell leuchtende Fixsterne über dem Areal der Glückseligen hingen.

Im Geist Gustav Landauers (1870–1919) war das Leben der Aussteiger neu geordnet worden. Landauer war einer der führenden deutschen Anarchisten und für zwei Jahre Dramaturg am Düsseldorfer Schauspielhaus, ehe er als Beauftragter für Volksaufklärung an der revolutionären Münchner Räterepublik 1919 teilnahm. Sein kurzes, letztendlich nur drei Tage währendes Engagement reichte aus, um von konterrevolutionären Freikorpssoldaten in der Haft erschlagen zu werden. Die wilde »Siedlung Freie Erde« existierte noch bis in die 50er Jahre hinein.

Adresse Eller Forst, Nähe Unterbacher See | ÖPNV Bus 735, Haltestelle Seeweg | Öffnungszeiten ganzjährig | Tipp Hinter dem Lokal »Waldschänke« erinnert ein Gedenkstein an die abstoßende und unmenschliche Brutalität, mit der eine sogenannte Heeresstreife kurz vor dem Einmarsch der Amerikaner im April 1945 an dieser Stelle zwei Deserteure und die Frau erschossen, die den beiden geholfen hatte.

94 Das Stadterhebungsmonument

Düsseldorf Rheinstadt

Am Ende des 13. Jahrhunderts, als das Dorf zur Stadt erhoben wurde, markierte die Düssel, die heute steif und eingemauert unter dem Lieferplatz als Restdüssel plötzlich auftaucht, um nach wenigen Metern ebenso plötzlich wieder unter dem Burgplatz zu verschwinden, ihre südliche Grenze. Im Norden endete sie hinter der Ritterstraße, und ihr erstes Stadttor lag noch vor der Kreuzherrenkirche im Osten, direkt an der Liefergasse – man hätte also vermutlich einen Stein über die Stadt hinwegschleudern können, und noch lange war die Stadt so klein wie das alte Dorf, mit einer Kirche an ihrem höchsten Punkt und einer Dorfstraße, die heute Altestadt heißt.

Man hat sich nie erklären können, warum Graf Adolf V. von Berg ausgerechnet das Dorf an der Düssel zur Stadt erhob und es noch lange in seiner dörflichen Struktur beließ, mit ein paar papiernen Privilegien ausgestattet, die in ihren Anfängen nicht viel bedeuteten, und warum er den Düsseldorfern nicht den Gefallen tat, die neue Stadt in Rheinstadt umzutaufen, was ihrem zumindest zukünftigen Status gerechter geworden wäre. Die Stadt blieb ein Dorf, bis heute in ihrem Namen, was manchmal Spott provoziert und Rechtfertigungen, die man sich am liebsten sparen würde.

Man weiß also nicht, warum sie am 14. August 1288 zur Stadt erhoben wurde, und die einzige vielleicht plausible Erklärung aus lokalpolitischer Sicht ist die, dass die Düsseldorfer sich in der Schlacht von Worringen, zwei Monate zuvor, besonders hervortaten, als es gegen den Erzbischof von Köln ging. Auch Papst Nikolaus IV., der seinem geschlagenen Erzbischof nicht mehr über den Weg traute, gehörte zu den Gratulanten. Das vom Düsseldorfer Bildhauer Bert Gerresheim zur 700-Jahr-Feier 1988 geschaffene Bronzemonument nimmt in seiner symbolträchtigen und teils surrealen Verdichtung Bezug auf die damaligen Ereignisse und auf die Konsequenzen, die sich für das Dorf ergaben, als es zur Stadt erhoben wurde.

Adresse Burgplatz | ÖPNV U 70, U 71, U 72, U 73, U 74, U 75, U 76, U 77, U 78, U 79, U 83, Bus 780, 782, 785, 805, 817, SB 50, Haltestelle Heinrich-Heine-Allee | Öffnungszeiten ganzjährig | Tipp Auf Sichtweite, am Ende der beklemmend eingemauerten Düssel, steht an der Liefergasse das Löwenhaus, das so alt wie die Stadt ist und bereits 1288, im Jahr ihrer Gründung, erwähnt wurde.

95_Das Stoffeler Kapellchen

In größter Not

Irgendwann war das Stoffeler Kapellchen von seinen Prozessions- und Bittwegen abgeschnitten. Die verkehrsreiche Witzelstraße stellte die Kapelle in ein für Prozessionen fast unerreichbares oder zumindest choreographisches Abseits. Die Wege sind kompliziert und unübersichtlich geworden, sie führen an Kleingärten und Parkplätzen vorbei, zwischen Stoffeler Friedhof und Südpark, durch eine andachtslose Freizeitwelt, und wer von Norden die Kapelle zu Fuß erreichen möchte, muss über den Verkehr hinweggehen, über eine prosaische Fußgängerbrücke, die fast so hoch wie die Kapelle ist.

Seit 300 Jahren werden in dieser von Kurfürst Carl Philipp gestifteten Kapelle zwei Partikel vom Heiligen Kreuz verehrt und die 14 Nothelfer angerufen, wenn alle anderen Hilfsmaßnahmen der rationalen Welt versagt haben.

Über dem Portal ist das Wappen des Fürsten in Stein geschlagen, das ihn als einen der Bauherren und weltlichen Schutzpatron ausweist. Die Verehrung der 14 Nothelfer machte das Stoffeler Feld zum Wallfahrtsort und hatte vermutlich im 15. Jahrhundert seinen Ursprung, als die Gläubigen mit zunehmender Ungeduld alle Kräfte des Himmels mobilisieren wollten, statt auf die Gnade eines einzigen zu hoffen.

Die Kapelle war 1734 errichtet worden, an einer Stelle, an der schon früher gebetet und gefleht wurde, vermutlich zum heiligen Christophorus, der einer der 14 ist und der verhindern sollte, dass der unberechenbare und weit mäandernde Rhein über die Ufer trat und die Stoffeler Höfe, die für den Unterhalt der kleinen Kirche aufkamen, unter Wasser setzte.

Sehr spät, im 18. Jahrhundert, wurde ein fast vergessener Apostel, Judas Thaddäus (nicht zu verwechseln mit Judas, dem Verräter), von den Gläubigen in Stoffeln wiederentdeckt. Er gilt als Schutzheiliger in besonders komplizierten und aussichtslosen Fällen, und seine bis heute ungebrochene Popularität und Verehrung mag mit der nahen Universitätsklinik zusammenhängen und den Ängsten, die sie selbst nicht nehmen kann.

Adresse Christopfstraße 2, Tel. 0211/335795, www.bonifatiuskirchc.de | ÖPNV Straßenbahn 704, 706, Haltestelle Christophstraße/Schleife | Öffnungszeiten täglich 9–19 Uhr, Fr Heilige Messe 8.30 Uhr | Tipp Ob Friedhöfe grundsätzlich die Lust am Leben steigern, sei dahingestellt. Der Stoffeler Friedhof jedenfalls ist in pralles Leben eingebettet. In Schrebergärten und Parkanlagen denkt niemand an den letzten Weg!

96 Der Stresemannplatz

Wo der Süden beginnt

Plötzlich ist man im Süden. Für gewöhnlich sind die Düsseldorfer Straßen mit Kastanien, Linden oder Platanen bepflanzt, aber hier stehen richtige Palmen, nicht sehr hoch, eher nordisch kleinwüchsig, aber doch echte Palmen, die genau wie in Kairo oder Beirut von den vielen Autoabgasen schon ganz graugrün geworden sind. Fünf Straßen, die sich kreuzen, bilden diesen Platz, der im eigentlichen Sinn keiner ist. Man kann sich auf ihm nicht aufhalten, er hat keine Fläche, man kann nur um ihn herumgehen. Er besteht aus Straßen, Zebrastreifen, Ampelanlagen und Schienen. Die irritierenden Palmen stecken in ebenso irritierenden und ausrangierten Gummireifen, was bizarr aussieht und an die berühmte Formel-1-Rennstrecke von Monte Carlo erinnert. Besonders sportive Fahrer werden deshalb auch gelegentlich dazu animiert, die Spoiler ihrer frisierten Serienboliden auf den Asphalt zu drücken oder zumindest ihre Maschinen im Leerlauf kurz aufheulen zu lassen, bevor die Ampeln auf Grün springen.

Für Autofahrer war der Platz schon immer eine Herausforderung, auch damals, als hier ganz ordinäre Büsche als Dreckfänger, Abfallcontainer und Sichtblenden dienten. Die teils enge Kurvenführung gab zudem Anlass zu Fehleinschätzungen und Missverständnissen. Unentschlossene, die nicht wussten, wie man nun nach Eller, Friedrichstadt oder zum Hauptbahnhof kommen sollte, aus der Stadt heraus oder doch wieder in die Innenstadt hinein, riskierten Kopf und Kragen, wenn sie die Spuren zu spät wechseln wollten und nicht nur die anderen Ignoranten übersahen, sondern auch die Straßenbahnen. Mit den Palmen in Gummireifen, die als Pflanzkunst verstanden werden sollen, wurde der Platz verkehrstechnisch etwas entschärft.

Am schönsten ist er abends, wenn sich der Verkehr beruhigt hat und die Palmen bunt beleuchtet sind. Dann hört man auf dem Platz die vielen Sprachen der internationalen Hotelgäste und Stadtprinzen, die den Background-Sound einer Stadt liefern, die im Norden so aussieht, als sei sie eigentlich im Süden.

Adresse Stresemannplatz | ÖPNV Straßenbahn 705, 706, 708, 709, Haltestelle Stresemannplatz | Öffnungszeiten ganzjährig | Tipp In der Mintropstraße, die vom Stresemannplatz Richtung Eller Straße führt, hat man auch heute noch eine ganz kleine Ahnung davon, wie spielautomatenbunt und auch plateausohlenkurios das Rotlichtmilieu sein kann.

97 Der Trödelmarkt am Aachener Platz

Wem die Stunde schlägt

Dieser Trödelmarkt existiert schon seit mehr als 40 Jahren und stammt naturgemäß aus der romantischen Vor-eBay-Zeit, als man noch früh morgens mit Taschenlampen in unausgepackte Bananenkisten und unbekannte Existenzen leuchtete, in denen man Werte zu finden hoffte, die der Verkäufer übersehen hatte.

Es macht auch heute noch Spaß, in den Klamotten wildfremder Leute herumzuwühlen und ihnen in die Schubladen und die Unterwäsche zu schauen. Trödelmärkte sind melancholische Orte, ihr Charme beruht auf Indiskretion und Nostalgie, auf Jagdinstinkt und Sammlertrieb, auf Selbstbespiegelung und Beiläufigkeit. Der Reiz, den Mehrwert im Wertlosen zu entdecken, verbindet sich mit der Sehnsucht nach dem sentimentalen Museum des eigenen Ichs. Und manchen macht es einfach Spaß, sich für dumm verkaufen zu lassen.

Als »Konsumterror« und »Wegwerfgesellschaft« ganz geläufige Schlagworte waren, etablierte sich auch dieser Trödelmarkt als konspirative Gegenbewegung. Seine große antiquarische Zeit ist allerdings längst vorbei. Die Angebote an Sammelalben, Blechspielzeugen, kuriosen Spazierstöcken, alten Hochzeitszylindern und angeschossenen Elastolin-Soldaten sind schmal und im Preis instabil geworden. Im Antikzelt, der ursprünglichen Kraftzelle des Markts, kann man noch immer schöne und sentimentale Entdeckungen machen.

Aber draußen ist die internationale Klientel aus Zuwanderern, Migranten, Exilanten und alten Gastarbeitern intensiv bepackt mit bis zur Besinnungslosigkeit preiswerten Lebensmitteln, Kosmetikartikeln, Textilien und Haushaltswaren. Spottpreise werden über die Menge der Käufer und Neugierigen gerufen, Gemüse und Obst fallen stündlich im Preis und gehen schließlich kistenweise über den Tresen direkt in die ungezählten Ethno-Küchen, und am Ende sind fast alle Händler unter Tränen und mit der Verzweiflung der Selbstaufgabe bereit, mit den Preisen in die tiefsten Keller herabzusteigen.

Adresse Uhlenbergstraße/Ecke Ubierstraße, Nebeneingang Münchner Straße, www.troedelmarkt-aachenerplatz.de | ÖPNV U 72, Bus 723, 726, 893, NE 8, Haltestelle Aachener Platz | Öffnungszeiten jeden Samstag | Tipp Das Eis von »Unbehaun« (Aachener Straße 164) genießt seit mehr als 40 Jahren absoluten Kultstatus, und es gleicht einem Sakrileg, es nicht uneingeschränkt köstlich zu finden.

98 Das »Uerige«

Immer gut gelaunt

Eigentlich müsste das Uerige *der* Uerige heißen, denn benannt ist es nach einem kantigen Braumeister, der im 19. Jahrhundert den damaligen »Bergischen Hof« übernahm und der von seinen Gästen als besonders »uerig« empfunden wurde, was so viel wie »übel gelaunt« bedeutet. Diese Launenhaftigkeit schien dennoch ihre charmanten Seiten gehabt zu haben, denn das Uerige hatte Erfolg und zählt auch heute noch zu den unterhaltsamsten und beliebtesten Brauhäusern in Düsseldorf. Das liegt zumindest im Sommer an dem intensiven Theater, das vor dem Brauhaus auf der Rheinstraße veranstaltet wird. An schönen Tagen ist sie vollbesetzt und zugestellt, ein abendliches Straßenfest, das schon mittags beginnt und dessen Zuschauer auch gleichzeitig die Akteure sind.

Das Uerige ist, vor allem in seinen alten Räumen, eines der letzten verbliebenen Reservate, in denen die empfindsame rheinische Seele mit ihrer Neigung zur heftigen Gemütlichkeit, zwischen Anteilnahme und Empörung, den Unberechenbarkeiten der Moderne widerstanden hat. Hier findet sie, mehr als anderswo, die Aufmerksamkeit, Beachtung, Neugierde und Zuwendung, die sie braucht, um überhaupt noch überleben zu können. Im hitzigen Halbdunkel des Uerige gleitet sie weg, hängt sich selbst und besseren Zeiten nach, blüht auf und erregt sich. Wer etwas zu sagen hat, sagt es deutlich, manchmal zu laut und mit dem ganzen Körper und ist von sich selbst und seinen gelegentlich bass erstaunten Zuhörern durchaus beeindruckt.

Man spricht Platt oder zumindest das, was man dafür hält, meist ist es ein selbst gebastelter Slang, der sich vom ungenauen Hörensagen ableitet, die Kommunikation aber enorm vereinfacht und die Dinge schnörkellos auf den Punkt bringt. Bei Alt und Mettbrötchen, bei den selten gewordenen Soleiern, die es hier noch gibt, bei importierten Spreewaldgurken und Laugenbrezeln sind alle gleich und manche natürlich etwas gleicher. Überhaupt erfährt man viel über Düsseldorf und darüber, wer wo gerade welche Rolle spielt, wer auf keinen grünen Zweig kommt und an wessen Ast gerade gesägt wird.

Adresse Berger Straße 1, Tel. 0211/866990, www.uerige.de | **ÖPNV** U 70, U 71, U 72, U 73, U 74, U 75, U 76, U 77, U 78, U 79, U 83, Bus 780, 782, 785, 805, 817, SB 50, Haltestelle Heinrich-Heine-Allee | **Öffnungszeiten** täglich 10–24 Uhr | **Tipp** Mit ihren internationalen Restaurants und den in alle Richtungen kompatiblen Küchenangeboten ist die Berger Straße zu einer global getakteten Essstraße aufgestiegen.

99 Der Uhrenturm

Jede Menge Katastrophen

Wer als Schriftsteller zufällig in Düsseldorf geboren ist, wie Heinrich Heine (1797–1856), der eigentlich Harry hieß, oder wie Hermann Schmitz (1880–1913), der sich mit zunehmendem Erfolg so nannte, bekommt vielleicht irgendwann ein eigenes Museum. Das Heinrich-Heine-Institut, Bilker Straße 12, kauft und präsentiert in mehreren Räumen so ziemlich alles, was von Heine im antiquarischen Handel zu haben war: Handschriften, Manuskripte und vieles, was irgendwie mit Heine zu tun hat. Das Hermann-Harry-Schmitz-Institut würde das für Schmitz auch gern tun, aber es gibt nichts zu kaufen, denn Schmitz hat nichts hinterlassen: nur seine Bücher und die Artikel, die im »Düsseldorfer General-Anzeiger« erschienen – weshalb das Museum sehr klein ist. Was von Schmitz blieb, passt in den alten Uhrenturm der ehemaligen Maschinenbaufabrik Haniel & Lueg.

Nachdem der spätere Grupello-Verleger Bruno Kehrein und der spätere Leiter des Düsseldorfer Theatermuseums Michael Matzigkeit 1988 die sämtlichen Werke von Schmitz in einer dreibändigen Ausgabe in Zürich editierten, wurde der in seiner Heimatstadt fast völlig unbekannte Hermann Harry Schmitz durch eine nach ihm benannte Sozietät dem Zauber der Vergessenheit entrissen.

Schmitz hatte 1911 mit »Der Säugling und andere Tragikomödien« im Rowohlt Verlag debütiert, das »Buch der Katastrophen« erschien drei Jahre später. Schmitz beschrieb und pointierte, was er an Groteskem im gesellschaftlichen Leben von Düsseldorf sah. »Man lacht sich krank und wieder gesund«, schrieb ein Kritiker.

Der in Düsseldorf plötzlich weltberühmte Hermann Harry, der im bürgerlichen Leben ein Kontorist im Piedboeuf'schen Röhrenwerk in Eller war, gab sich gern dandyhaft und exzentrisch. Das Buch der Katastrophen seines eigenen Lebens war aber leider ziemlich dick. Unglückliche Lieben und viele Krankheiten, die wenig Hoffnung machten. Am 8. August 1913 erschoss sich Hermann Harry Schmitz während einer Kur in Bad Münster.

Adresse Grafenberger Allee 300, Tel. 0211/222972, www.hermannharryschmitz.de | ÖPNV U 72, U 73, U 83, Straßenbahn 709, Haltestelle Schlüterstraße | Öffnungszeiten Mo 18–20 Uhr | Tipp Die Hanielgarage des Architekten Paul Schneider-Esleben, eines der modernsten und schönsten Gebäude der Nachkriegszeit, steht in der Grafenberger Allee 258.

100 Die Urdenbacher Kämpe

Am Niederrhein

Es ist so, als müsste man sich einfach nur hineinfallen lassen: Unterhalb der Straßen Am Alten Rhein und Baumberger Weg ist alles ganz anders, als sei das, was die Landschaft und ihren starken winddurchwehten Eindruck irgendwie stören könnte, weggeräumt. Keine Strommasten, Schornsteine oder Hochhäuser. Man ahnt sie, aber sieht sie nicht. Zumindest eine Zeit lang, wenn man durch die Kämpe hindurchgeht, sieht man unter dem weiten Himmel nur Bäume, Wiesen und manchmal ein Stück des Rheins, der hier von keinem Deich eingefasst ist. Die Kämpe ist Auenlandschaft und wird regelmäßig bei Hochwasser geflutet. Das macht zweifellos ihren etwas rauen und manchmal in Unordnung geratenen Charme aus, wenn der Fluss die Baumwurzeln umspült und der Wind die morschen Äste aus den Kronen geworfen hat.

Die Landschaft verändert sich immer, und dennoch bewahrt sie ihren ganz eigentümlichen und unverwechselbaren Charakter. Tief in der Urdenbacher Kämpe entwickelt sich schnell ein Gefühl dafür, wie der Niederrhein vor seiner Industrialisierung einmal gewesen sein muss.

Mit mehr als 300 Hektar ist die Kämpe Düsseldorfs größtes Naturschutzgebiet, aber was man erstaunt und manchmal auch sommerlich beglückt betrachtet, ist in seinem Wesen kein naturbelassenes Flussszenarium, sondern eine alte Kulturlandschaft, die nur dort, wo sie unwirtschaftlich ist, nicht genutzt wird. Die satten Wiesen unter den Pappeln und Kopfweiden werden gemäht, Pferde und Kühe stehen im Schatten der Bäume, und in den letzten Jahren wurden auch die lange vernachlässigten und unrentablen Streuobstwiesen wieder in Form gebracht: Mehr als 1.200 Obstbäume sollen hier stehen, die während der Blüte im Frühling eine ganz eigene Poesie in diese Gegend bringen. Die Urdenbacher Kämpe wurde in das europäische Schutzgebietsystem »Natura« aufgenommen und wird seitdem besonders gefördert. Mit etwas Glück, und wenn man sie erkennen kann, sieht man wieder sehr seltene, fast ausgestorbene Vogelarten wie den Wachtelkönig oder den gelb-schwarzen Pirol.

Adresse Gebiet um den Urdenbacher Altrhein zwischen D-Urdenbach, D-Garath, D-Hellerhof und Monheim-Baumberg | ÖPNV Bus 788, Haltestelle D-Mühlenplatz oder Monheim/Haus Bürgel | Öffnungszeiten ganzjährig | Tipp In der Biologischen Station »Haus Bürgel« kann man nicht nur alles über die Urdenbacher Kämpe erfahren, sondern auch viele Produkte wie Honig, Obstsäfte und Brände kaufen.

101 Der Volksgarten

Menschen im Park

Von Anfang an bezeichnete der Name seine Bestimmung. Er sollte ein Garten fürs Volk sein, womit damals, in den letzten Jahren des untergehenden Kaiserreichs, nur die sogenannte einfache Bevölkerung der Arbeiterviertel, die an ihn grenzten, gemeint war. Der Park repräsentierte kein spätfeudales oder frühbürgerliches Selbstverständnis, das sich in den Restbeständen einer alten Zeit einrichtete, wie man dies etwa im Hofgarten oder in den Schlossgärten von Benrath tat.

Der Volksgarten war einfach nur da, ohne Attraktionen und groß angelegte Sichtachsen, ein vereinfachter Landschaftspark ohne Höhepunkt, und die Menschen, die ihn besuchten, waren mehr mit sich selbst und ihrem Alltag als mit der Repräsentation ihres gesellschaftlichen Status beschäftigt. Der Geist, der hier spazieren ging und an den Wochenenden auf den Picknickwiesen lagerte, war eher querulant, hemdsärmelig und zupackend und ein bisschen schräg gestellt und sperrig gegen »die da oben« – bis heute ist er der wildeste, vitalste und auch multikulturellste Park Düsseldorfs geblieben.

Nirgendwo sonst gibt es gigantischere Grills, buntere Schüsseln, schönere Decken, größere Familien, die manchmal vier Generationen umfassen, und vor allem: In keinem anderen Park gibt es mehr Kinder. Der Volksgarten ist deshalb auch Treffpunkt, und eigentlich alle Gruppen, die ihren Neigungen und Leidenschaften nachgehen, haben ihren zumindest gedanklich abgezirkelten Bereich. Man trifft Musiker, Kiffer, Hippies, freie Radikale, Nudisten, Hobbyköche und vor allem alle Fußballnationen, die nicht nur zum Spaß, sondern immer mit Einsatz und dem nötigen Ernst für ihr Land spielen, aus dem sie oder ihre Eltern ursprünglich gekommen sind.

Erst zur Bundesgartenschau 1987 wurde der Volksgarten optisch aufgepeppt und gärtnerisch durchstrukturiert, was mit Terrassen und Ummauerungen die bunte Nischenkultur unterstützte. Mit dem sogenannten Südpark wurde der Volksgarten zu einer Parklandschaft vereint, in deren unmittelbarer Nähe, zwischen den angrenzenden Schrebergärten, es einige lauschige Kneipen gibt.

Adresse Auf'm Hennekamp, Eingang gegenüber S-Bahn-Station D-Volksgarten | ÖPNV Straßenbahn 706, Haltestelle Volksgarten | Öffnungszeiten ganzjährig | Tipp »Kurhaus« und »Bootshaus«, direkt hinter dem »Zeitfeld« des Bildhauers Klaus Rinke, sind im Sommer wunderbare Orte für ein ausgelassenes Leben im Biergarten.

102 Vor der Rochuskirche

Rendezvous mit dem Vampir

»Wenn du mir fest versprichst, dass du mich nicht verraten wirst, will ich dir mal etwas sagen.« So begann das Geständnis Peter Kürtens, der gesuchte Düsseldorfer Massenmörder zu sein, das er seiner Frau Auguste während eines emotional brisanten Spaziergangs auf den Oberkasseler Rheinwiesen am 23. Mai 1930 machte. Kürten war damals 47 Jahre alt und wurde seit einem Jahr gesucht. Als Phantom geisterte er nachts durch die Ängste und Alpträume der Düsseldorfer, durch die Straßen am Stadtrand im sogenannten »Mordgebiet«, in den Parkanlagen, am Rheinufer und auf den Kirmesplätzen, und wenn »Er«, der absolut Unbekannte, wieder zugeschlagen hatte, »fiebert Düsseldorf! Das Rheinland zittert in Spannung! Ganz Deutschland stürzt in diesen Tagen von einer Sensation in die andere!«.

Von Februar 1929 bis zu seiner Verhaftung im Mai 1930 hatte Kürten acht Morde und mindestens elf Mordversuche verübt. Der als »Vampir von Düsseldorf« später durch die Presse gereichte Kürten (einem Schwan und einem Mordopfer hatte er Blut aus den Wunden gesaugt, »in vieler Hinsicht mein schönstes Verbrechen«) bedauerte während der ersten Vernehmungen, dass ihm der erhoffte »Knalleffekt«, den er sich »mit Rücksicht auf das Publikum« vorgestellt hatte, nämlich zwei Menschen pro Tag umzubringen, leider nicht vergönnt gewesen sei.

Auguste Kürten ging, bevor sie in die Nervenheilanstalt in Grafenberg eingeliefert wurde, zur Polizei und traf noch ein letztes Mal ihren Mann. Auf dem Platz des heiligen Rochus, der auch Schutzpatron der Gefangenen und Totengräber ist, vor dem Portal, das sich im noch erhaltenen Glockenturm der im Zweiten Weltkrieg zerbombten Kirche befand, unter dem heutigen kreuzlosen Bronzechristus von Bert Gerresheim, wurde Kürten von Kriminalbeamten überwältigt, die er wenig später mit der damals nicht strafmildernd wirkenden Aussage verblüffte: »Ich habe aus Idealismus gehandelt, ich bin ein Märtyrer.« Ein Jahr später, im Juli 1931, wurde Kürten im Kölner Klingelpütz enthauptet.

Adresse Bagelstraße/Ecke Prinz-Georg-Straße | ÖPNV Straßenbahn 707, Bus 752, 754, Haltestelle Schloss Jägerhof | Öffnungszeiten ganzjährig | Tipp Die »Rheinton Weinbar«, eine der besten in Düsseldorf, liegt in der nahen Gartenstraße 28.

103 Das »Wandel«

Ändere deine Wohnung!

Es gibt nichts Vergleichbares. Davon ist auch Markus Wildhagen überzeugt. Vor 20 Jahren eröffnete er »Wandel« – schon damals, nach 15-jähriger Erfahrung als Jäger und Sammler auf den Trödelmärkten dieser Welt nicht gerade bescheiden, sondern von Anfang an mit der Ambition, größer und vor allem besser als die Konkurrenz zu sein. Auf 300 Quadratmetern stellte Wildhagen damals Antiquitäten aus. Nach einem halben Händlerleben und zwei Umzügen bietet er mit der neuen Adresse auf 1.300 Quadratmetern geschätzte 25.000 Objekte an. Die genaue Zahl kennt niemand, aber so ziemlich alles, was man sich in Wohnungen und Geschäftsräumen vorstellen kann, findet sich hier: Möbel und Lampen, dekorative, durchaus nützliche und vor allem viele nostalgisch besetzte Einrichtungsgegenstände. In seinen zahlreichen verschachtelten Räumen gleicht dieser Ort einem verwirrenden »Museum der Gefühle«, in dem viele Besucher den mobilen Versatzstücken ihrer eigenen Vergangenheit begegnen. In diesen teils exzentrischen Hinterlassenschaften anderer Leben kann man nach Geschichten und Unverwechselbarkeit suchen, nach anderen Biographien und Bedeutungen.

Es ist ein phantastisches und ebenso illusionäres Umfeld, das alle Möglichkeiten eröffnet, das Leben in den eigenen vier Wänden vintagemäßig komplett zu ändern. Neben der unübersehbaren Fülle von Einzelobjekten und den sich daraus ins Unendliche steigernden Kombinationsmöglichkeiten bietet »Wandel« aber auch in sich geschlossene Ensembles, die entweder thematisch oder zeitbezogen sind. Es gibt alte Arztpraxen, Bars und Bibliotheken, Jagd- und Arbeitszimmer, sogar ein komplettes Kino, Nachkriegsküchen, Art-déco-Salons und Pop-Art-Räume. Alles ist authentisch. Die Möbel, Wohnaccessoires und Skulpturen können auch gemietet werden, was von Film- und Werbeproduktionen gern gemacht wird. Das »Wandel«-Team möbelt außerdem auf, das heißt, es verfügt über eigene Werkstätten, die aus zeitverschlissenen Stücken wieder ansehnliche Antiquitäten machen.

Adresse Friedenstraße 62, Tel. 0211/90158712, www.wandel-antik.de | **ÖPNV** Straßenbahn 706, 707, 709, Bus 723, 726, 732, NE 8, Haltestelle Bilker Kirche | **Öffnungszeiten** Mo–Fr 11–18.30 Uhr, Sa 11–16 Uhr | **Tipp** Der Freiheitsdichter Ferdinand Freiligrath (1810–1876), ein früher Freund von Karl Marx und Friedrich Engels, wohnte zeitweilig in der Neusser Straße 133, gegenüber der Bilker Kirche.

104 Das Weltkunstzimmer

Was bleibt

Kaufleute haben schon immer die Welt verändert. Künstler wollen sie retten und sind davon überzeugt, dass schließlich die Kunst und die Poesie es tun werden.

Hans Peter Zimmer war Kaufmann. Mit seinem Tod 2009 verfügte er, dass ein Großteil seines Vermögens dazu eingesetzt werde, wenn nicht die Welt, so doch zumindest einen Teil der Kunst zu retten oder so auszustatten, dass es mit ihr weitergehen könne.

Die Ansprüche der Stiftung sind überwältigend, maßlos und völlig unrealistisch, entsprechen aber der Wahrheit: Wenn nicht die Kunst, was sonst könnte die Köpfe und die Herzen der Menschen verändern, erobern und umstimmen? Um überhaupt etwas zu erreichen, muss man bekanntlich das Unmögliche fordern, und so liest sich der programmatische Entwurf des Weltkunstzimmers, als hätten Manifestschreiber der frühen Avantgarden zusammengefasst, was sie von der Kunst jetzt und für alle Zeiten fordern.

Im Sinn alter Meister und Provokateure wie Aragon, Artaud, Breton, Hausmann, Loos, Matisse, Schwitters und Tatlin, die in Zeiten lebten, als die Moderne noch jung war, sollte sie eigenwillig sein, undogmatisch, impulsiv und dennoch ernsthaft, sinnig, unsinnig, subversiv, konspirativ, undogmatisch und anstrengend. Eine Instanz des Widerstands. Sie sollte die Leute in Unruhe versetzen, unterhalten und ihnen letztendlich die Augen öffnen. Sie sollte anarchistisch sein und sich auflehnen gegen eine opportunistische Gesellschaft, deren synchrone Atemzüge und Gedankengänge allenfalls Egoisten und Materialisten noch in Bewegung halten.

Die Ziele des Weltkunstzimmers sind also fast zu schön, um wahr zu sein. Und die Nachlassverwalter tun alles ihnen Mögliche, um sie in der alten Backfabrik auch zu erreichen. In ihr entstand das sicher unbequemste, aber auch effektivste Kunstzentrum in Düsseldorf. Es kann frei agieren, und zwar beruhigend rücksichtslos. Neben den Ausstellungen und Konzerten sind es vor allem die inszenierten Performances, die den schönen Zielen am nächsten kommen.

Adresse Ronsdorfer Straße 77a, Tel. 0211/7308140, www.weltkunstzimmer.de | ÖPNV U 75, Haltestelle Ronsdorfer Straße | Öffnungszeiten Ausstellungen: Do–So 14–18 Uhr, Büro: Di–Fr 10–18 Uhr | Tipp Gut kuratierte Ausstellungen und Veranstaltungen bietet auch der Kultur Bahnhof Eller (Vennhauser Allee 89).

105 Die Wolfsschlucht

Ausflug mit dem Serienmörder

Die Wolfsschlucht, die westlich vom Bismarckweg abzweigt und in der Nähe der Rennbahnstraße verläuft, war früher ein beliebtes Ausflugsziel, in deren Nähe es Tanzlokale und Gasthäuser gab. Sie ist natürlich keine richtige Schlucht, und Wölfe hat es hier vermutlich nie gegeben. Aber der Name klang ursprünglich und authentisch, ein Name für Kinderphantasien und für Erzählungen am Sonntagnachmittag, wenn die untergehende Sonne langsam den Wald verdunkelte. Dass sich Männer, die mit dem Teufel einen Pakt eingingen, in Werwölfe verwandeln konnten, wusste schließlich jedes Kind, und Werwölfe haben mit Vampiren gewisse Gemeinsamkeiten: Sie lauern Menschen auf, verwandeln sie in neue Werwölfe und Vampire oder töten sie sogar.

Peter Kürten, der Vampir von Düsseldorf, ging hier nachts gern spazieren. Er war an der Ludenberger Straße aufgewachsen, ganz in der Nähe, in einer Arbeitersiedlung des Hohenzollernwerks. Er ging singend durch den Wald und lauschte, wie er zu Protokoll gab, »nachts den Tieren des Waldes. Wenn mir aber jemand entgegenkam, war's passiert.« Er übertrieb ein wenig, meinte aber einen der vielen Morde, die er Ende der 1920er Jahre in Düsseldorf begangen hatte.

Im März 1930 stieß Kürten nach einem gescheiterten Vergewaltigungsversuch eine junge Frau den Abhang der Schlucht hinunter. Sie versteckte sich in der Dunkelheit hinter einer Baumwurzel, während Kürten oben auf dem Weg summend und singend auf und ab ging, in der Hoffnung, dass sich sein Opfer irgendwie bemerkbar machen würde. Sie hielt bis zum Morgen aus, und Kürten verschwand schließlich im Morgengrauen.

Kurze Zeit später, am 14. Mai, führt er ein neues Opfer in die Wolfsschlucht. Aus Überdruss oder weil die Frau zu beten begann, ließ Kürten von ihr ab. In einem Brief schilderte sie ihr Erlebnis. Aber der Brief war falsch adressiert und wurde Leuten zugestellt, die ihn an die Düsseldorfer Mordkommission weitergaben. Am 24. Mai 1930 wurde Kürten verhaftet.

Adresse Grafenberger Wald | ÖPNV U 73, U 83, Straßenbahn 709, Bus 733, M 1, M 2, NE 4, NE 5, Haltestelle Staufenplatz | Öffnungszeiten ganzjährig | Tipp Alle Wege bergauf führen zur Galopprennbahn mit ihren schönen Tribünen und guten Gewinnchancen.

106 Das »zakk«

Gestern wie heute

Das »Zentrum für Aktion, Kommunikation und Kultur« versteht sich als soziokulturelles Gegengewicht zu den offiziellen und »innerstädtischen« Kulturveranstaltungen. Mittlerweile selbst zum Klassiker geworden, ist das zakk eine feste Größe im Düsseldorfer Kultur- und Politleben, und wer ambitionierte Popmusik mit ebensolchen Zuhörern mag, findet in der umgebauten Fabrik eine der wichtigsten Alternativ-Adressen. Es spielten als Fixsterne am sperrigen Firmament der Gegenkultur unter anderem Peter Hein und Fehlfarben, Art Brut, The Kills oder Samy Deluxe, also die temporären Schwergewichte der alternativen Beschallung. Außer den Lieblingen der Indie-Musikzeitschriften »Spex« und »Visions« (die auch im benachbarten »Stahlwerk« gastieren) treten aber auch Slampoeten, Pantomimen und Propagandisten für eine bessere Welt auf. Gegründet wurde das zakk als subkulturelle Alternative in den 70er Jahren. Heute bringt man es auf mehr als 500 Veranstaltungen im Jahr, und so ziemlich alles, was die Gemüter bewegt (Atomkraft, Bauchtanz, Klimawandel, Tango, Umweltzerstörung und die vielen alltäglichen Scheren im Kopf) wird debattiert und inszeniert. Zahlreiche Gruppen und Initiativen leben sich hier durch alle Alters- und Gesellschaftsschichten aus. Die Interessenlage ist bunt gemischt und wird, ähnlich wie die Republik, immer bunter.

Da die zakk-Anhänger mit in die Jahre gekommen sind und ihren alten Romantismen die Treue halten, gibt es außer den früheren und noch immer über die Maßen beliebten »Ü 30«-Partys heute auch »50+«-Veranstaltungen für all diejenigen, denen das Alter nicht wirklich etwas anhaben kann.

Natürlich gibt es im »zakk« kein Alt für Nazis, und wie überall wird der Rechtsruck in der Gesellschaft betroffen moderiert und debattiert. Aber nach einem langen Leben in der alternativen Kulturszene hat man sich nun verstärkt auf die Spaßseite geschoben: Comedyabende, Poetryslam, Tango und Flamenco, Schunkelmusik, Disco und alles, was vor 30 oder 40 Jahren, als die Protagonisten noch jung waren, richtig Spaß machte.

Adresse Fichtenstraße 40, Tel. 0211/9730010, www.zakk.de | **ÖPNV** Bus 736, 805, NE 4, NE 5, Haltestelle Pinienstraße | **Öffnungszeiten** Kneipe und Biergarten Mo–Do ab 19 Uhr, Fr ab 21 Uhr, Sa ab 22 Uhr, sonst immer zu den Veranstaltungen | **Tipp** Professionell durchgestylte Partys und Konzerte veranstaltet das »Stahlwerk«, Ronsdorfer Straße 135.

107 Das ZERO-Atelier

Es werde Licht

Das Haus davor ist hässlich und schwer, graubrauner Nachkrieg, so erschütternd banal, dass man sich fragt, was damals während des Wiederaufbaus eigentlich mit den Menschen und ihren Architekten los war. Nichts deutet auf ästhetische Gegenentwürfe hin, nichts auf die Schritte, die, immer größer werdend, von hier aus gemacht wurden und schließlich bis in die Sahara und in die Arktis führten.

Man muss an Mülltonnen vorbei und an ein paar Garagen, aber schon hinter der Toreinfahrt sieht man es im Hof stehen, mausgrau, verkratzt, ein bisschen kubistisch bestenfalls, wenn man es freundlich ansehen möchte – das Atelierhaus von Heinz Mack und Otto Piene.

Zwischen 1957 und 1960 fanden in ihren Ateliers neun sogenannte Abendausstellungen statt, die neben den Ausstellungsaktivitäten der Galeristen Alfred Schmela (Galerie Schmela, Hunsrückenstraße) und Jean-Pierre Wilhelm (Galerie 22, Kaiserstraße) die wichtigsten Ereignisse der Düsseldorfer Kunstszene waren. Die Ausstellungen dauerten nur einen Abend, aber die ästhetischen Gesamtentwürfe, die eine ganze verstaubte Welt verändern wollten, beeinflussten schließlich die kommenden Jahrzehnte.

Im Bewusstsein ihrer außerordentlichen Bedeutung schwebte Mack und Piene (später stieß noch Günther Uecker dazu) eine gegenstandslose Kunst vor, deren Hauptmaterial das Licht sei, eine reine Kunst, die im Idealfall auf alles Gestische verzichten und ganz von der Idee einer grenzenlosen Freiheit getragen werden sollte.

Beeinflusst und beeindruckt von dem Bildhauer Constantin Brancusi und dem Maler Lucio Fontana wagten Mack und Piene, damals beide in ihren 20ern, radikale Grenzüberschreitungen, deren auch mediale Höhepunkte Macks spätere Sahara- und Arktis-Projekte waren.

Mit der 7. Ausstellung 1958 erschien in ihrem Atelier »ZERO 1«, eine aus heutiger Sicht wichtige und programmatische Schrift, in deren Folge Düsseldorf zu einem Hauptort der beginnenden »ZERO«-Bewegung wurde, der sich Künstlergruppen aus Asien, Europa und Amerika anschlossen.

Adresse Gladbacher Straße 69 | **ÖPNV** Straßenbahn 706, 707, Bus 723, 726, 732, NE 8, Haltestelle Wupperstraße | **Öffnungszeiten** ganzjährig (Hof; das Gebäude ist nicht öffentlich zugänglich) | **Tipp** Die ZERO Foundation befindet sich im Haus Hüttenstraße 104. Dort hatten Mack, Piene und Uecker ihre späteren Ateliers.

108 Die »Zicke«

An den Gestaden des Mittelmeers

Irgendwann wurde hier unglaublich viel geraucht. Die Wände und Decken sind, was manche Besucher sehr wehmütig stimmt, dunkel und gelb vom Nikotin zahlloser Zigaretten, deren Rauch in endlosen Abenden über endlosen Worten aufstieg und diese schönen Spuren eines genussvollen Lebens hinterließ, das keine Reue kannte.

In der »Zicke« gab es den ersten Milchkaffee, ganz original aus dicken henkellosen Tassen wie im Pariser Quartier Latin, und die Formentera- und Ibiza-Reisenden kamen nach langen Sommern braun gebrannt und gesprächig an den Tresen in der Zicke zurück, um zu erzählen, wie man richtig lebt und wie man mit alten Fincas Geld machen kann und stundenlang am Strand liegt, ohne sich zu langweilen. Die Mittelmeerreisenden sind natürlich irgendwann in die Jahre gekommen, insolvent gegangen oder ganz ins Hinterland abgewandert, das sie so oft beschworen und sehnsuchtsvoll betrachtet hatten. Nur die »Zicke« hat sich selbst konserviert. Die Plakate von Filmen, die kaum noch jemand kennt, sind mit den Wänden verwachsen, andere erinnern an Kunstausstellungen vor 30 Jahren, von denen man damals noch nicht wissen konnte, wie großartig sie eigentlich waren, und auch manche Gäste denken gern an diese freien und so naiv wilden Zeiten zurück, als man tun und lassen konnte, was man für richtig hielt, und als man noch mit zum konspirativen Vernissage-Publikum gehörte, damals, ketterauchend und mit einer schier unglaublichen Kondition.

An den Marmortischen sitzen heute vorzugsweise Lebenskünstler der immer noch wortreichen Spät-Boheme aus den umliegenden Ateliers und Kulturinstituten. Ihre so rücksichtsvollen Kinder und manchmal auch ihre nachsichtigen Enkel sitzen ein paar Tische weiter oder kellnern hier, was allen ein gutes Gefühl der Beständigkeit gibt.

Man steht gern spät auf. Wie früher. Deshalb gibt es auch bis in den Nachmittag hinein Frühstück und spätabends Tapas, die an die fernen Inseln erinnern, die einmal als die südlichsten Stadtteile von Düsseldorf bezeichnet wurden.

Adresse Bäckerstraße 5a, Tel. 0211/327800, www.bistro-zicke.de | **ÖPNV** Bus 726, Haltestelle Maxplatz | **Öffnungszeiten** täglich 9–1 Uhr | **Tipp** Die sehr gut sortierte Weinbar »Galerie«, Benrather Straße 6b, ist von der »Zicke« zwei Minuten entfernt, kurz vor dem Carlsplatz.

109 Der Zoopark

Aber ohne Tiere

Seinen Verlust haben manche bis heute nicht verkraftet. Die Sehnsucht, exotische Tiere hinter Gittern zu betrachten, war so ungewöhnlich stark, dass noch 30 Jahre nach seiner völligen Zerstörung im Zweiten Weltkrieg, der angeblich typische Düsseldorfer als ein Mensch definiert wurde, der sich nichts sehnlicher wünscht als einen Zoo. In den 60er Jahren des letzten Jahrhunderts gab es eine regelrechte Zoohysterie, und deren Initiatoren rüttelten so stark an den eigenen kindlichen Sonntagserinnerungen, dass sie den Wiederaufbau des Zoos sogar juristisch durchboxen wollten. Zufrieden gab man sich schließlich mit dem handlicheren und weniger emotionsgeladenen Aquazoo. Zu Fischen, Pinguinen und Kaimanen entwickelt sich zwar nur selten die emotionale Nähe wie zu Eisbären, Löwen und Affen, mit denen sich Besucher gern identifizieren – Bobo, den lustigen Düsseldorfer Schimpansen, kannte damals angeblich jeder. Aber mit der Eröffnung des Aquazoos im Nordpark war die Diskussion um Kindheitserinnerungen endgültig vom Tisch.

Eröffnet wurde der in seiner Zeit als besonders schön gelobte Tiergarten 1876. Er zeigte etwa 300 Tiere, darunter mehr als 100 sogenannte Großtiere aus fernen Kontinenten, was an sich schon sensationell war. Seine landschaftliche Gestaltung war mit künstlichen Ruinen eindrucksvoll erhöht worden, sodass der Eindruck entstanden sein musste, direkt aus dem Alltag in eine abenteuerlich wilde Welt einzutreten, in der immer was los war.

Die Anziehungskraft des Zoos war so groß, dass in seiner unmittelbaren Nähe eines der exklusivsten und teuersten Wohnviertel entstand. Obwohl es mittlerweile im Ranking der Immobilienhändler »Zoo 1« und »Zoo 2« gibt, ist seine Attraktivität auch ohne tierisch bestückten Garten immer gleich hoch geblieben.

Heute ist er eher unspektakulär – ein ruhiger Park, in dem sich Rentner und Pensionäre die Bänke an das Ufer des alten Wasservogelweihers stellen und Kinder hinter einem Reststück Düssel über die Backsteinfundamente der alten Romantik-Ruinen klettern.

Adresse Brehmstraße/Grunerstraße/Mathildenstraße/Faunastraße | ÖPNV U71, Straßenbahn 706, 708, Bus 725, 812, NE3, Haltestelle Brehmplatz | Öffnungszeiten ganzjährig | Tipp Zoo-Nostalgiker haben es vermutlich immer schon gewusst: Irgendwo hier muss der Mittelpunkt von Düsseldorf sein. Er befindet sich zwar nicht direkt am Zoo, aber auch nicht weit davon entfernt: Otto-Petersen-Straße/Ecke Hans-Sachs-Straße, haben kluge Mathematiker und Vermessungstechniker herausgefunden.

110 Zum Neuen Schelfisch

Art & Noise

Nichts erinnert mehr daran. Die Gardinen sind zugezogen, und der Ort, unter dem das Kopfsteinpflaster früher jeden Abend von Musik und Ideen vibrierte, ist nur noch eine Imagination dieser stürmischen, schnellen und so unkonventionell optimistischen Zeit, als man noch glaubte, mit der Kunst die Welt retten zu können. Hier war der Fluchtpunkt im Unendlichen einer sich rasant entwickelnden Kunstgegenwelt, Neubrückstraße 12 – das legendäre »Creamcheese«, die einzige Düsseldorfer Künstlerkneipe, die es ins Museum geschafft hat (museum kunst palast). 1967 eröffnet, war das »Creamcheese« seit seinem ersten Tag mit Installationen von Nam June Paik und Günther Uecker der internationale Kunstrotationspunkt in einer Stadt, die sich damals noch, ohne rot zu werden, mit den größten Kunstzentren der westlichen Welt vergleichen konnte, mit Amsterdam, London und New York.

Im »Creamcheese« verkehrten außer den Mitinitiatoren Uecker und Ferdinand Kriwet auch Gerhard Richter, Blinky Palermo (der hier kellnerte), Robert Filliou und Dieter Roth. Frank Zappa, dessen Musik im »Creamcheese« besonders in den frühen 70ern verehrt wurde, obwohl oder weil man ihn häufig aus drogentechnischen Gründen mit den zugedröhnten Songs von Captain Beefheart verwechselte, improvisierte im »Creamcheese« auf seiner Gitarre, gemeinsam mit Kriwet, der ein frühes multimediales Genie war.

Im selben Haus, heute noch an dem runden Fensterbogen erkennbar, befand sich der erste Galerieraum des legendären Konrad Fischer, der als Maler Konrad Lueg hieß und von dem seine beiden frühen Malkumpels, Gerhard Richter und Sigmar Polke, überzeugt sind, er wäre der größere Künstler von ihnen geworden, wenn er nicht als genialer Galerist die Szene beseelt hätte.

In seiner umfunktionierten und verglasten Toreinfahrt fanden aus heutiger Sicht sensationelle Kunstausstellungen statt, und rückblickend hat man den Eindruck, als sei die Düsseldorfer Kunst in eben dieser bescheidenen Toreinfahrt zur Welt gekommen.

Adresse Neubrückstraße 12 | ÖPNV U 70, U 71, U 72, U 73, U 74, U 75, U 76, U 77, U 78, U 79, U 83, Bus 780, 782, 785, 805, 817, SB 50, Haltestelle Heinrich-Heine-Allee | Öffnungszeiten ganzjährig | Tipp Um die Ecke in der Ratinger Straße gab es in den 1970er Jahren die erste deutsche, von Gerry Schum eröffnete Videogalerie, ungefähr dort, wo sich heute das »Quartier Bohème« befindet.

111 Zwischen Luegplatz und Belsenplatz

Die andere Seite

Vielleicht ist Oberkassel, der linksrheinisch gelegene Stadtteil, der wirkliche Himmel von Düsseldorf: Er ist Frankreich ein ganzes Stück näher als die Stadtmitte, ein kleines, aber für die Lebensentwürfe seiner Bewohner nicht unwichtiges Detail, und die Oberkasseler Straßen mit ihren alten und meistens ganz schönen Bürgerhäusern zeigen ein wohltemperiertes Bild der Stadt, das selbst ihre eigenen Klischees von Schöner-Wohnen-Eleganz und bürgerlicher Saturiertheit zu übertreffen scheint.Diese lässige, aber manchmal auch bemüht bürgerliche Seite von Düsseldorf hat eine lebendige, immer zur Exklusivität und zu einem gewissen ergrauten Spät-Yuppietum neigende Kneipen- und Restaurantszene, die in ihrer fast familiären Geschlossenheit zwischen Luegallee und Belsenplatz zu den attraktiveren in Düsseldorf zählt. An den lärmigen Cocktail- und Weißwein-Tresen gibt es die mit Abstand besten Partien für Ehe-Ein-und Wieder-Aussteiger außerhalb des Medienhafens.

In Oberkassel gehört Status wie selbstverständlich zum Alltag, und für gewöhnlich wird darauf geachtet, ihn nicht wieder zu verlieren. Die Oberkasseler verfügen über die meisten Zweit- und Geländewagen, über blitzblanke Hunde und eine Casual-Street-Wear, die direkt den aktuellen Lifestyle-Zeitschriften entnommen wird. Die kreative Nobel-Boheme arbeitet bevorzugt in den vielen Werbe- und Ich-Agenturen um die Luegallee herum, aber auch große Namen der Kunstszene hatten oder haben ihre Ateliers und Galerien linksrheinisch: Beuys, Schmela, Strelow, Mayer, Mack, Gursky und Julia Stoschek.

Den meisten rechtsrheinischen Düsseldorfern ist Oberkassel nur von der großen Rheinkirmes im Sommer bekannt. Weiter gehen sie nicht. Man bleibt unter sich und hält eine unausgesprochene Distanz, zumal viele echte Düsseldorfer Nieder- und Oberkassel für schicke Dörfer halten, die sie auch lange waren und in einigen Straßen nach wie vor sind.

Adresse Luegallee, Barbarossaplatz, Belsenplatz und Seitenstraßen | ÖPNV U 70, U 74, U 75, U 76, U 77, Bus 805, Haltestelle Luegplatz; U 70, U 74, U 75, U 76, U 77, Bus 805, 828, 833, 834, 835, 836, Haltestelle Belsenplatz | Öffnungszeiten ganzjährig | Tipp Nördlich der Luegallee wächst das städtische Oberkassel immer tiefer in das ländliche Niederkassel hinein. Hin und wieder kann man ländliche Töne vernehmen: Kühe, Hühner, Ziegen. Aber wie lange noch?

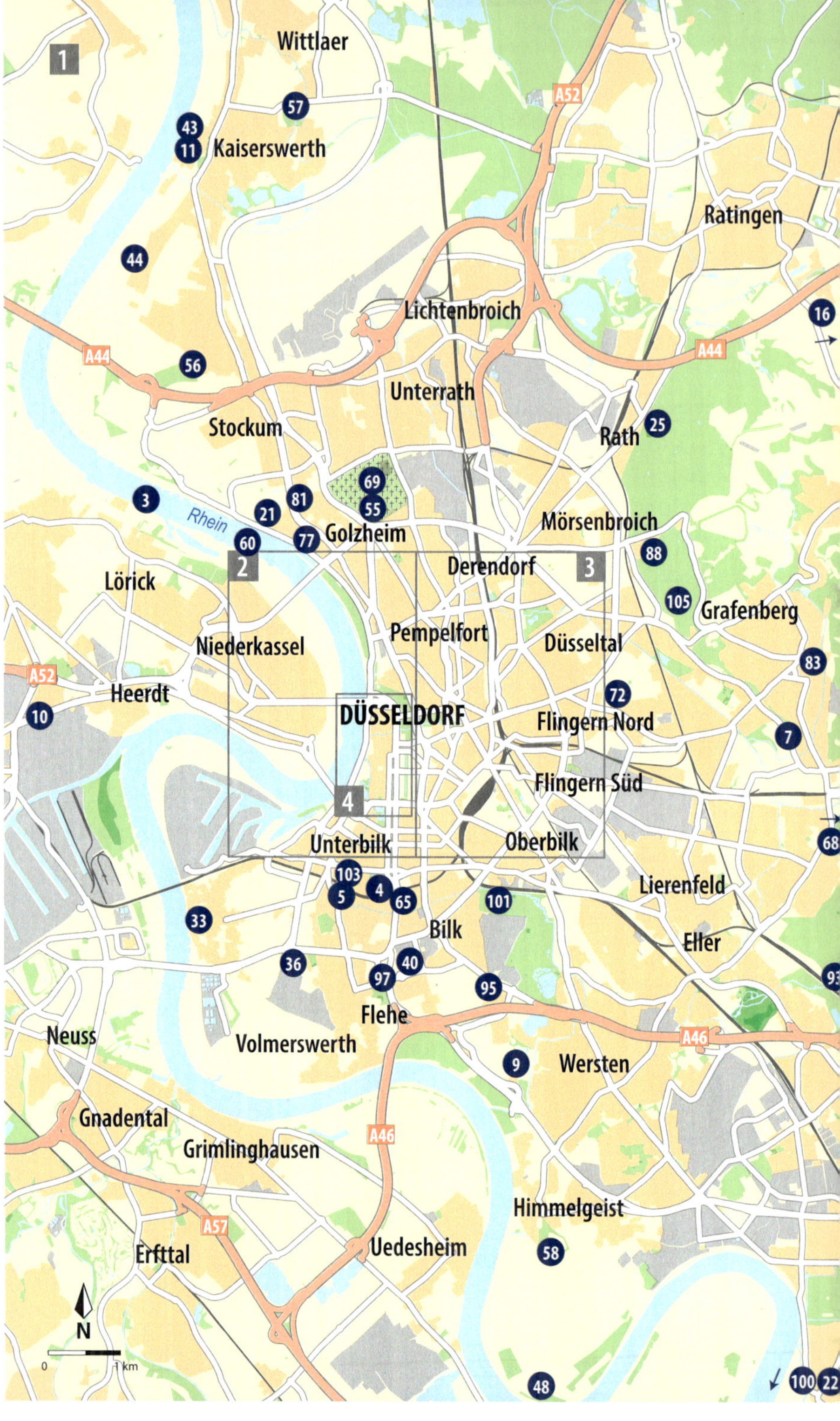
1
Wittlaer
57
43
11
Kaiserswerth
A52
Ratingen
44
Lichtenbroich
16
A44
A44
56
Unterrath
Stockum
25
Rath
69
55
3
81
Rhein
21
Mörsenbroich
60
77
Golzheim
2
Derendorf
3
88
Lörick
105
Grafenberg
Pempelfort
Niederkassel
Düsseltal
83
A52
Heerdt
72
10
DÜSSELDORF
Flingern Nord
7
Flingern Süd
4
68
Unterbilk
Oberbilk
103
4
5
65
Lierenfeld
101
33
Bilk
Eller
36
40
97
95
93
Flehe
A46
Neuss
Volmerswerth
9
Wersten
Gnadental
A46
Grimlinghausen
Himmelgeist
A57
Erfttal
Uedesheim
58
N
0
1 km
48
100
22

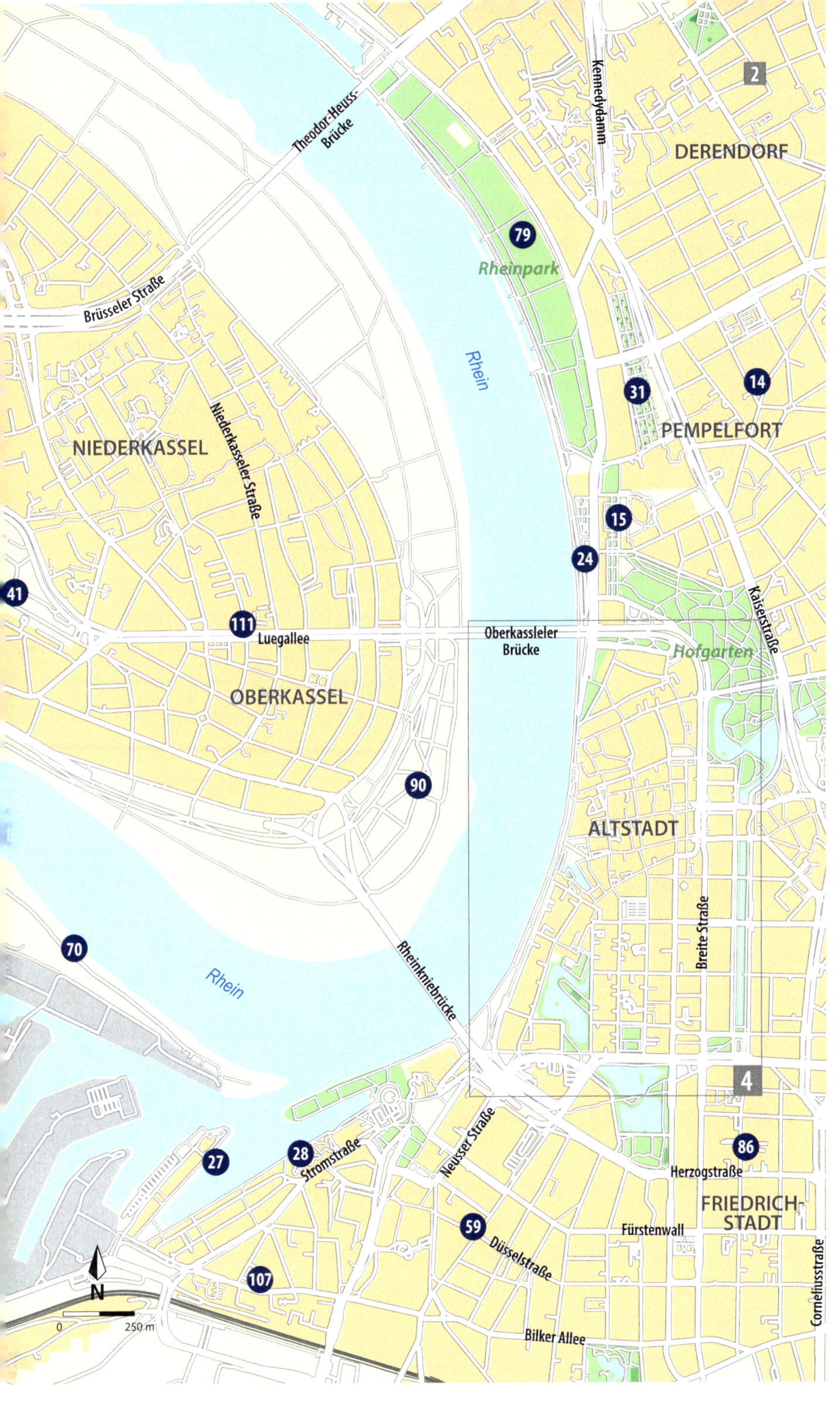

2
Kennedydamm
DERENDORF
Theodor-Heuss-Brücke
79
Rheinpark
Brüsseler Straße
Rhein
14
31
PEMPELFORT
NIEDERKASSEL
Niederkasseler Straße
15
24
41
Kaiserstraße
111
Luegallee
Oberkassleler Brücke
Hofgarten
OBERKASSEL
90
ALTSTADT
70
Rhein
Breite Straße
Rheinkniebrücke
4
86
28
27
Stromstraße
Neusser Straße
Herzogstraße
FRIEDRICH-STADT
59
Fürstenwall
Düsselstraße
107
N
0
250 m
Bilker Allee
Corneliusstraße

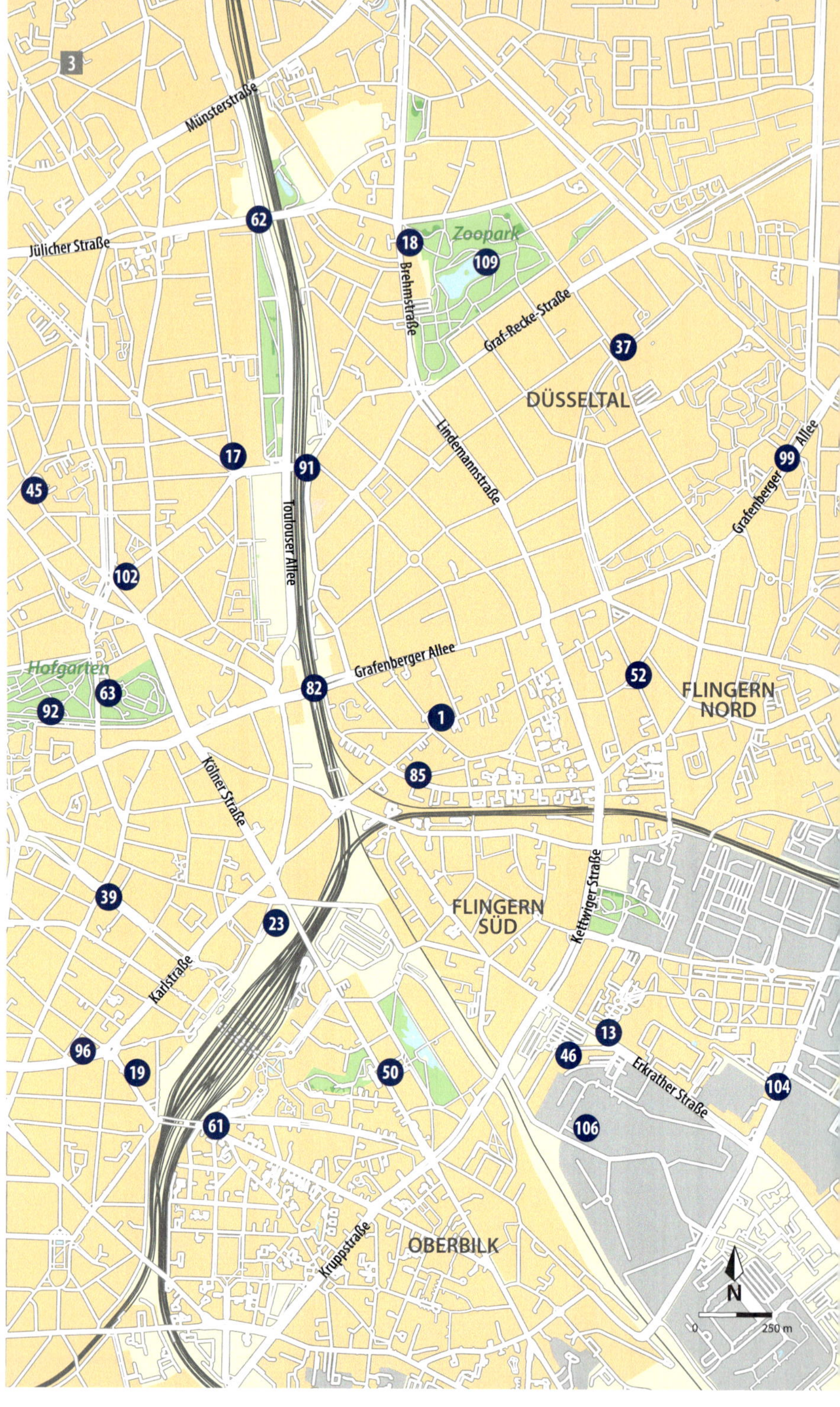
3
Münsterstraße
Jülicher Straße
Zoopark
Brehmstraße
Graf-Recke-Straße
DÜSSELTAL
Lindemannstraße
Grafenberger Allee
Toulouser Allee
Hofgarten
Grafenberger Allee
FLINGERN NORD
Kölner Straße
Kettwiger Straße
FLINGERN SÜD
Karlstraße
Erkrather Straße
Kruppstraße
OBERBILK
N
0
250 m
62
18
109
37
17
91
99
45
102
52
63
82
92
1
85
39
23
13
46
96
19
50
104
106
61

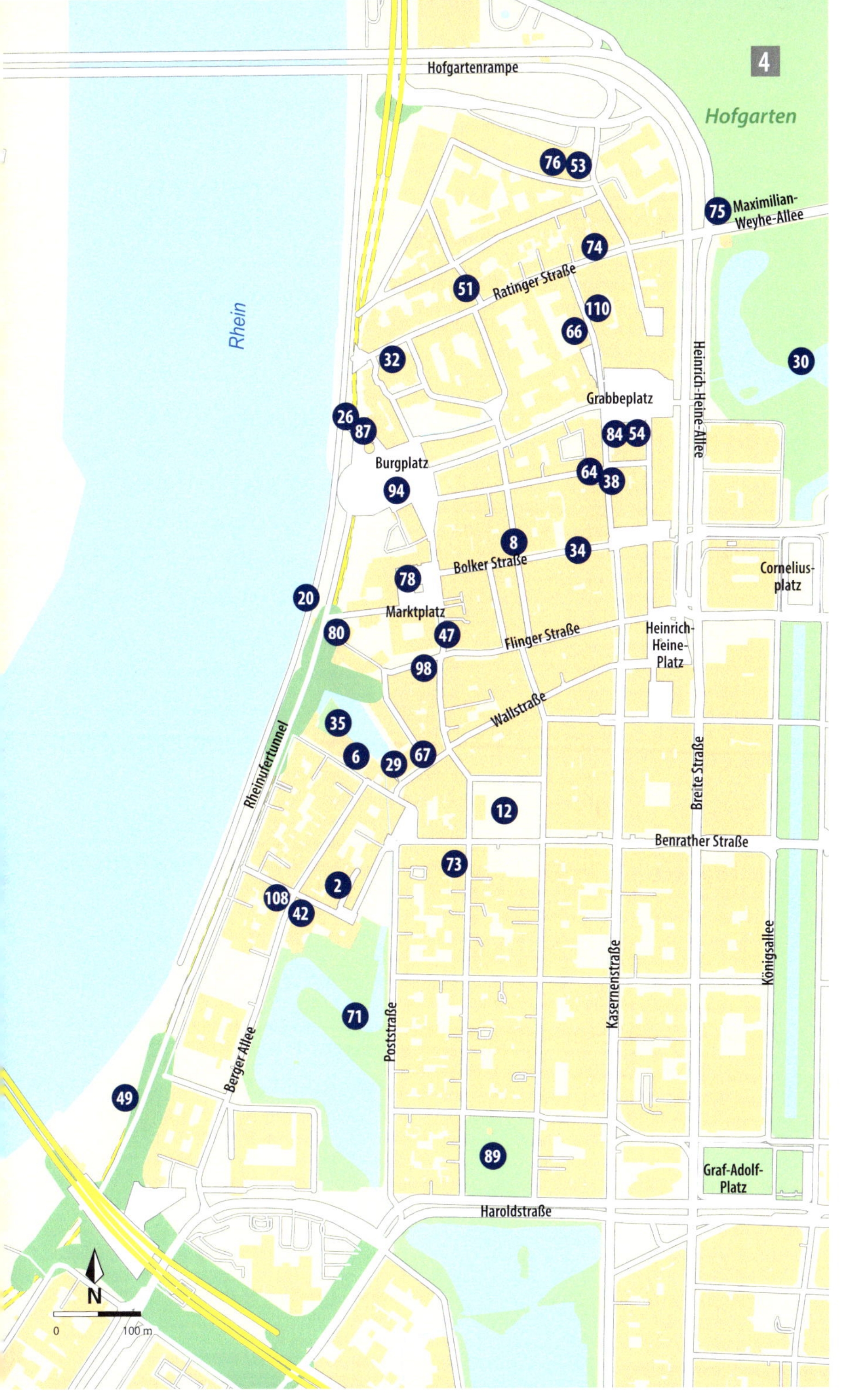
4
Hofgarten
Hofgartenrampe
Rhein
Ratinger Straße
Maximilian-Weyhe-Allee
Grabbeplatz
Heinrich-Heine-Allee
Burgplatz
Bolker Straße
Cornelius-platz
Marktplatz
Flinger Straße
Heinrich-Heine-Platz
Wallstraße
Rheinufertunnel
Breite Straße
Benrather Straße
Königsallee
Kasernenstraße
Poststraße
Berger Allee
Graf-Adolf-Platz
Haroldstraße
N
0
100 m
76
53
75
74
51
110
66
30
32
26
87
84
54
64
38
94
8
34
78
20
80
47
98
35
6
29
67
12
73
2
108
42
71
49
89

Peter Eickhoff
111 Orte am Niederrhein, die man gesehen haben muss
ISBN 978-3-7408-1802-9

Peter Eickhoff
111 Orte in Südtirol, die man gesehen haben muss
ISBN 978-3-7408-1976-7

Peter Eickhoff
111 Südtiroler Gasthäuser, die man kennen muss
ISBN 978-3-7408-0137-3

Peter Eickhoff, Karl Haimel
111 Orte in Wien, die man gesehen haben muss
ISBN 978-3-7408-1975-0

Martin Berke, Nina Fandler
111 Orte für Kinder in und um Düsseldorf, die man gesehen haben muss
ISBN 978-3-7408-0972-0

Martin Nusch, Saschko Bach
111 Mal mit WDR 2 raus in den Westen
ISBN 978-3-7408-1962-0

Martin Nusch, Saschko Bach
111 Mal mit WDR 2 raus in den Westen, Band 2
ISBN 978-3-7408-1465-6

Martin Nusch, Saschko Bach
111 Mal mit WDR 2 raus in den Westen, Band 3
ISBN 978-3-7408-2090-9

Garnet Manecke, Vera Anders
111 Orte in Mönchengladbach, die man gesehen haben muss
ISBN 978-3-7408-0606-4

Bernd Imgrund, Britta Schmitz
111 Kölner Orte, die man gesehen haben muss
ISBN 978-3-7408-2393-1

Bernd Imgrund, Britta Schmitz
111 Kölner Orte, die man gesehen haben muss, Band 2
ISBN 978-3-7408-1831-9

Christina Bacher,
Norbert Breidenstein
111 Orte für Kinder in Köln, die man gesehen haben muss
ISBN 978-3-7408-2347-4

Petra Sophia Zimmermann
111 Orte rund um den Kölner Dom, die man gesehen haben muss
ISBN 978-3-7408-1858-6

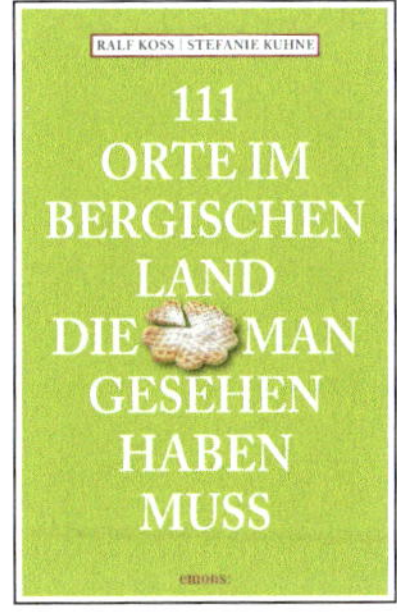

Ralf Koss, Stefanie Kuhne
111 Orte im Bergischen Land, die man gesehen haben muss
ISBN 978-3-7408-2372-6

Eckhard Heck
111 Orte in Bonn, die man gesehen haben muss
ISBN 978-3-7408-1418-2

Diana-Isabel Scheffen, Andrea Tuschka, Sarah Larissa Heuser
111 Orte für Kinder in und um Bonn, die man gesehen haben muss
ISBN 978-3-7408-2085-5

Ursula Gilbert, Michael Klein
111 Orte im Siebengebirge, die man gesehen haben mus
ISBN 978-3-7408-1871-5

Daniel Robbel, Dirk Unschuld
111 Orte im Ahrtal, die man gesehen haben muss
ISBN 978-3-7408-1982-8

Bernd Imgrund
111 Orte in der Eifel, die man gesehen haben muss
ISBN 978-3-7408-1677-3

Bernd Imgrund
111 Orte in der Eifel, die man gesehen haben muss, Band 2
ISBN 978-3-7408-0552-4

Dina Knorr
111 Orte im Sauerland, die man gesehen haben muss
ISBN 978-3-7408-1509-7

Jens Burmeister, Karin Achilles
111 Orte am Mittelrhein, die man gesehen haben muss
ISBN 978-3-7408-1745-9

Ralf Koss
111 Orte in Dortmund, die man gesehen haben muss
ISBN 978-3-7408-0649-1

Anna Sophie Pietsch
111 Orte für Kinder im Ruhrgebiet, die man gesehen haben muss
ISBN 978-3-7408-1603-2

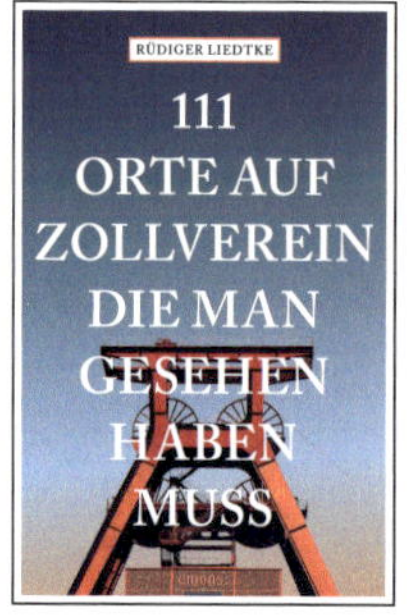

Rüdiger Liedtke
111 Orte auf Zollverein, die man gesehen haben muss
ISBN 978-3-7408-1637-7

Alexandra Schlennstedt, Jobst Schlennstedt
111 Orte in Bielefeld, die man gesehen haben muss
ISBN 978-3-7408-1653-7

Stephanie Katerle
111 Orte in Paderborn, die man gesehen haben muss
ISBN 978-3-7408-0645-3

Henrik Grotjahn
111 Orte in Münster, die man gesehen haben muss
ISBN 978-3-7408-0979-9

Paul Stänner
111 Orte im Münsterland, die man gesehen haben muss
ISBN 978-3-7408-2260-6

Stefanie Jung
111 Orte in Rheinhessen, die man gesehen haben muss
ISBN 978-3-7408-2306-1

Stefanie Jung
111 Orte in Mainz, die man gesehen haben muss
ISBN 978-3-7408-2307-8

Christina Kuhn, Christian Löhden
111 Orte in der Pfalz, die man gesehen haben muss
ISBN 978-3-7408-2120-3

Barbara Kemmer, Frank Schmitt
111 Orte in Koblenz, die man gesehen haben muss
ISBN 978-3-7408-1994-1

Peter Bieg, Maximilian Staub
111 Orte in Trier, die man gesehen haben muss
ISBN 978-3-7408-1294-2

Peter Friesenhahn, Elisabeth Friesenhahn
111 Orte im Hunsrück, die man gesehen haben muss
ISBN 978-3-7408-1090-0

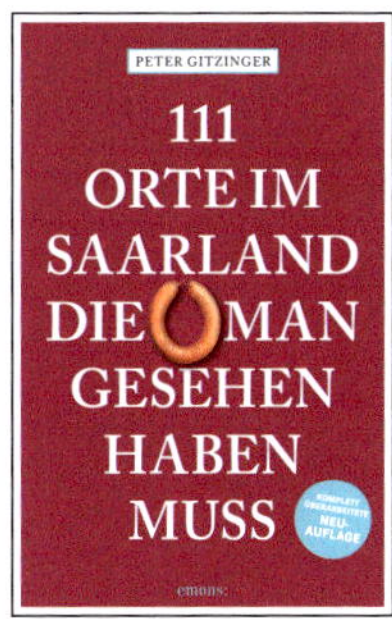

Peter Gitzinger
111 Orte im Saarland, die man gesehen haben muss
ISBN 978-3-7408-2263-7

Foto: Helena Parada

Peter Eickhoff arbeitet als Autor und Fotograf in Düsseldorf. Er schreibt über europäische Metropolen und ihre berühmten Restaurants, über Köche und prominente Gäste. Von ihm erschienen unter anderem »111 Orte in Wien, die man gesehen haben muss« und »111 Orte in Südtirol, die man gesehen haben muss« (gemeinsam mit der vielfach ausgezeichneten Romanautorin Sabine Gruber).